Helmut Kirschstein

Um´s Ganze

Helmut Kirschstein

Um´s Ganze

Evangelische Einsprüche zum Reformationsjubiläum 2017

Fromm Verlag

Cover image: www.ingimage.com

Publisher:
Fromm Verlag
is a trademark of
International Book Market Service Ltd., member of OmniScriptum Publishing Group
17 Meldrum Street, Beau Bassin 71504, Mauritius

Printed at: see last page
ISBN: 978-620-2-44121-6

Inhalt

An Stelle eines Vorworts ...

… eröffne ich meine „Evangelischen Einsprüche“ hier gerne noch einmal mit dem programmatischen Grußwort für den Flyer zum Gesamtprogramm „500 Jahre Reformation“ im Evangelisch-lutherischen Kirchenkreis Norden (Oktober 2016):

Wir feiern: 500 Jahre Reformation!

Wie gut, dass es diesen Aufbruch gab: aus alten Verkrustungen und manchem Aberglauben!

Wie befreiend, dass Menschen mehr auf Gott vertrauten als auf irdische Autoritäten!

Wie wegweisend, dass das Gewissen des Einzelnen wichtiger wurde als der Druck von Religion und Tradition!

Wie schön, dass Sprache und Musik, Literatur und Kunst in die neue Begeisterung hineinspielten!

Vor allem aber: Wie wunderbar, dass endlich wieder ins Zentrum rückte, was in das Zentrum des christlichen Glaubens gehört:

> Jesus Christus.
>
> Das Evangelium von der Gnade Gottes.
>
> Die Bibel.
>
> Die Predigt.
>
> Der Glaube.
>
> Und darum auch christliche Freiheit, christliche Bildung, christliche Verantwortung für Gesellschaft und Welt.
>
> Was für eine Mission!

So haben wir allen Grund, zu feiern: 500 Jahre Reformation!

***

Natürlich war nicht alles gut, was damals geschah:

Anders, als Martin Luther und Philipp Melanchthon es wollten, zerbrach die Kirche in mehrere Konfessionen. Juden und Türken wurden verfemt. Bauern und „kleine

Leute“ hofften vergebens auf evangelische Unterstützung. Im Streit um die Wahrheit waren Verwünschungen und Diffamierungen an der Tagesordnung. Was mit verbalen Auseinandersetzungen begann, ging blutig weiter. Und mündete schließlich in Mord und Totschlag, ja in verheerende Glaubenskriege.

Was ist der Unterdrückung der Wahrheit – was der eigenen Unversöhnlichkeit geschuldet?

Wir haben also auch allen Grund, nachzudenken: kritisch und selbstkritisch. Und brauchen doch gerade heute einen neuen Aufbruch: aus alten Verkrustungen und manchem Irrglauben!

Können uns Schwerpunkte und Weichenstellungen der Reformationszeit neu inspirieren? Auch dazu fordert uns das Reformations-Jubiläum heraus.

„Semper reformanda“ sei die Kirche: *immer wieder auf's neue* zu reformieren! Im Geiste Jesu Christi. So haben es uns die Reformatoren ins Stammbuch geschrieben. Weil die Kirche damals nicht so war, wie Gott sie gern gehabt hätte. Und weil die Kirche auch heute noch längst nicht so ist, wie sie in Seinen Augen sein sollte: darum lohnt es sich, zurückzuschauen und nach vorne zu blicken.

Feiern Sie mit! Von Herzen:

Ihr Superintendent
Dr. Helmut Kirschstein

„Zwischen Rechthaberei und Gleichgültigkeit“

Persönliche Schlaglichter auf die Reformation, nicht nur in Ostfriesland

Ansprache zu Beginn des Festakts aus Anlass der Eröffnung der ersten Sonderausstellung des Ostfriesischen Teemuseums Norden:

„Schlaglichter der Reformation in Ostfriesland – Auch Friesland wünscht Diener des Wortes“

22. Februar 2015 / Lugerikirche Norden

(1)

Meine sehr verehrten Damen und Herren,

im Namen des Kirchenvorstands der Norder Ludgerigemeinde und im Namen des Evangelisch-lutherischen Kirchenkreises Norden begrüße ich Sie herzlich in der Ludgerikirche zum **Festakt anlässlich der Eröffnung der ersten Sonderausstellung des wiedereröffneten Ostfriesischen Teemuseums Norden: „Schlaglichter der Reformation in Ostfriesland – Auch Friesland wünscht Diener des Wortes“**!

Es ist mir eine große Ehre, Sie alle so kurz nach dem beeindruckenden Festakt aus Anlass der Wiedereröffnung ein weiteres Mal hier in der Ludgerikirche begrüßen zu dürfen – mit nahezu gleichlautenden Worten zu einem Ereignis von überregionaler kultureller Bedeutung – diesmal aber darüber hinaus auch von überregionaler *kirchlicher* Bedeutung (schön, dass der Herr Landessuperintendent als Regionalbischof diese Bedeutung unterstreicht)!

Schlaglichter der Reformation in Ostfriesland gilt es zu entdecken. Ich ahne, dass sich viele von Ihnen mit großer Spannung den kirchlichen Weichenstellungen der damaligen Zeit nähern – ich kann mir aber auch gut vorstellen, dass rund 500 Jahre Abstand für manch einen eine reichlich große Distanz bedeuten, zumal, wenn man sich vielleicht auch sonst – ich sage es augenzwinkernd – in puncto Kirche eher vornehm zurückhält und die Distanz wahrt...

Für diese wie jene möchte ich zum Einstieg einen ganz persönlichen Brückenschlag vornehmen, um die Aktualität der reformatorischen Entwicklungen ein bisschen spürbarer werden zu lassen – sagen wir also in aller Kürze und Unvollständigkeit: *meine persönlichen **Schlaglichter der Reformation**, nicht nur **in Ostfriesland**:*

(2)

Erstes Schlaglicht: das **Gewissen**! Martin Luther hat sich als ganz individueller

Mensch im Angesicht Gottes gesehen – und dabei entdeckt, dass er ein Gewissen hat. Mit seinen ganz persönlichen Gründen und Abgründen steht er vor Gott. Dass irgendeine Institution – sei es die Kirche, sei es der Staat, sei es die gesellschaftliche Norm – ihm gebietet, so oder anders zu glauben, zu hoffen, zu leben – hilft ihm nichts. Sein Gewissen schlägt – und diese Schläge hallen wie Glockenklänge bis zu mir. Es sind die Glocken der Freiheit, Freiheit von jeder falschen Bevormundung, egal ob durch irgendeine Kirche, egal ob durch irgendeinen Staat, egal ob durch irgendeine gesellschaftliche Norm: Ich selbst bin gefragt, wie ich vor Gott stehe und wie ich die wesentlichen Lebensfragen beantworte. Reformation bedeutet für mich die Befreiung des Gewissens aus allen doktrinären Vorgaben. Unter diesem Anspruch ist jede wahre Kirche eine Kirche der Freiheit. Unter diesem Anspruch hat jeder Staat und jede Gesellschaft die Freiheit des Gewissens zu wahren.

Zweites Schlaglicht: das Ringen um die **Wahrheit**! Die Reformationszeit ist eine Zeit der Grundsatzentscheidungen. Nicht jede Zeit ist so intensiv mit so weitreichenden Fragen beschäftigt – aber *dass* hier um die Wahrheit gerungen wird, und *wie* hier um die Wahrheit gerungen wird, finde ich auch für *unsere* Zeit wegweisend. Um die Wahrheit zu ringen, heißt ja: die eigene Denkfaulheit zu überwinden – die Bequemlichkeit des *Es-war-doch-schon-immer-so.* Es gibt einen Weg *zwischen Rechthaberei und Gleichgültigkeit* – einen Weg mit Argument und Gegenargument, mit Hinhören und Abwägen, mit Nachdenken und Neudenken. Während in früheren Zeiten die Gefahr der *Rechthaberei* jede kritische Diskussion unterdrückt hat, denke ich: heute ist die Gefahr der *Gleichgültigkeit* viel größer: Wenn alles *gleich gültig* ist, wird jede wesentliche Diskussion *gleichgültig.* Es ist aber *nicht* gleichgültig, welches der höchste Wert in Deinem Leben ist, das, *woran Du Dein Herz hängst*, wie Martin Luther gesagt hat: Dein „Gott". Wovon bin ich denn im Letzten abhängig – wovon will ich mich im Letzten abhängig machen? Welcher Glaube trägt mich durch unsere Zeit, welche Hoffnung inspiriert mich angesichts globaler Katastrophen und persönlicher Niederlagen? Spätestens der Islam in all seinen Facetten stellt die bequem und denkfaul gewordene Christenheit – unsere ganze Gesellschaft! – neu in das Ringen um die Wahrheit hinein. Ein Ringen, das uns nicht leichter fallen wird als den Menschen in der Reformationszeit.

Drittes Schlaglicht: der **Mut**. Ich bewundere Martin Luther, wie er seinem Gewissen gefolgt ist, wie er sich nicht länger geschert hat um *political correctness*, wie er zum Querdenker geworden ist – und ich glaube, dass wir auch heute solche Querdenker brauchen, in allen gesellschaftlichen Gruppen, in allen Parteien und Kirchen, Menschen, die sich nicht den Mund verbieten lassen und mutig sagen, was sie als Wahrheit erkannt haben. Nur, wer bereit ist, sich auch einmal den Mund zu verbrennen, wird wirklich heiße Diskussionen entfachen, Und nur, wer sich intensiv und kritisch mit anderen Positionen *auseinandersetzt*, kann sich dann auch wieder intensiv und ehrlich mit anderen Positionen *zusammensetzen.* Philipp Melanchthon, der zweite große Reformator neben Martin Luther, hat uns in reformatorischem Geist *auch diese*

Kunst gelehrt. Beides: das kritische *Auseinandersetzen* und das erst dann *überhaupt mögliche* ehrliche *Zusammensetzen* wünschte ich mir heute für den ökumenischen Dialog der großen Kirchen – aber auch für den gesellschaftlichen Diskurs in unserem Land.

Viertes Schlaglicht: die **Musik**. Wenn das Evangelium eine *frohe Botschaft* ist – die beste Botschaft der Weltgeschichte, so haben es ja die Reformatoren *aller couleur* vertreten: dann muss diese gute Nachricht auch hinausposaunt werden, mit Pauken und Trompeten. Martin Luther selbst war es, der die ersten reformatorischen Gesänge komponiert und getextet hat, populäre Musik in der Sprache seiner Zeit! Immer wieder hat die Kirche – und seit der Reformationszeit eben nicht nur die *evangelische* Kirche – Worte und Melodien gefunden, die das Wesentliche in Musik übersetzt haben. Was wäre unsere Kultur ohne die Klänge der Kantoreien, ohne das Weihnachtsoratorium und die Johannespassion und das Deutsche Requiem?! Aber *weil* die reformatorische Erkenntnis populär war und im ganzen Volk ihren Widerhall fand, können auch wir Heutigen nicht historisch klebenbleiben an überlieferten Texten und alter Musik, um der Popularität des Evangeliums willen gehören populäre Klänge in unsere Kirchen und zu unsrer Kultur: vom Jazz über Popmusik bis zum Gospel. Und wie gut Spirituals und Choräle zusammenpassen, haben wir in vielen unsrer Gottesdienste erlebt – ganz im Sinne der Reformation.

Fünftes Schlaglicht: die **Bildung**. Zum reformatorischen Programm gehörte von Anfang an, dass die Menschen ihre eigene Bibel in die eigenen Hände nehmen sollten und sich ihre eigenen Gedanken dazu machen durften. Jeder Gläubige, so verstanden das die Reformatoren *aller* Schattierungen, stand mit seinem Gewissen ja unmittelbar vor Gott, so, wie es zuvor nur den Priestern vergönnt war. Nein, jeder gläubige Christenmensch ist ein Priester, steht vor Gott, darf und soll Gottes Heil an alle anderen Menschen weitergeben – und dazu muss eben jeder Christenmensch die Bibel lesen und verstehen können. Die Reformation bringt also eine Bildungs-Revolution und erreicht schließlich das ganze, auch das ganz einfache Volk. Wieder bewundere ich Philipp Melanchthon, der überall neue Schulen gründete und Regelwerke schrieb, die selbst in katholischen Landen gedruckt wurden – nicht umsonst trug Melanchthon bald den Ehrentitel „Lehrer Deutschlands“. Dass die Schule den *ganzen Menschen* bilden soll und ihm zu einem eigenständigen Denken verhelfen möge: auch diese Idee verdanken wir der Reformation. Übrigens: Wer weiß, wo meine Kinder sonst zur Schule gegangen wären, wenn nicht ein Mönch des Norder Dominikanerklosters die Reformation eingeführt hätte, wodurch das Kloster zur Lateinschule und schließlich zum Ulrichsgymnasium wurde?! Eine gute Tradition!

Und schließlich mein sechstes und letztes Schlaglicht: die **Frauen**. Eigentlich könnte ich auch sagen: *meine* Frau, denn wenn ich hier als *Mann der Kirche* von meinen *Kindern* erzähle, dann steckt dahinter der gar nicht so selbstverständliche Umstand, dass ich als Pastor und Superintendent *verheiratet* sein kann und ganz offiziell Kinder haben darf. Ohne die Reformation – wer weiß – gäb´s das noch immer nicht in der christlichen Kirche. Und vielleicht ist es doch so, dass ich unseren Reformatoren dafür – am dankbarsten bin!

(3)

In dieser fröhlichen Dankbarkeit bitte ich nun Sie alle, sich zu Gebet und Segen für die Reformationsausstellung im Ostfriesischen Teemuseum zu erheben. ---

Herr, unser Gott,

an diesem festlichen Tag danken wir Dir für alle Inspiration, die Du uns in Kirche und Gesellschaft durch die Reformation geschenkt hast.

Wir danken dir für die Freiheit des Gewissens – hilf uns, diese Freiheit immer wieder zu verteidigen und zu bewahren, für uns und für alle anderen Menschen auch.

Wir danken dir für das Ringen um die Wahrheit und für alles, was sich dabei als wahr und richtig erwiesen hat. Hilf uns, unsre Denkfaulheit und Gleichgültigkeit zu überwinden. Schenke uns den Mut zur ehrlichen Auseinandersetzung – mit Worten, nie mit Waffen.

Vergib uns darum auch alle falsche Rechthaberei, die damals Wunden geschlagen hat und die auch heute noch verletzen kann. Lass uns unterschiedliche Traditionen achten. Lass uns unterschiedliche Positionen aushalten. Hilf, dass *alle* Kirchen im Wesentlichen zusammen- klingen und zusammenwirken – zum Wohl der Gesellschaft!

Für die Musik danken wir dir und dafür, dass du unser Herz singen lässt – in allen Spielarten! Für wahre Bildung und nötige Aufklärung sagen wir „danke“ – schenke uns auch in unsrer Zeit Schulen, die das Herz erreichen und den ganzen Menschen bilden.

Und, guter Gott: Danke, dass Du uns als Männer und Frauen in deinen Dienst rufst – niemand ist vor dir *mehr* wert als der andere, jeder von uns darf seine Möglichkeiten einbringen, danke dafür!

In tiefer Dankbarkeit bitten wir Dich, den menschenfreundlichen Gott:

Segne die Ausstellung zu Schlaglichtern der Reformation in Ostfriesland!

Segne alle, die ein- und ausgehen: dass sie sich berühren lassen und ins Grübeln kommen und – wer weiß – vielleicht sogar ins Glauben.

Segne Du alle Menschen, die besondere Verantwortung tragen für dieses Museum und für andere Museen und Stätten der Erinnerung in unserer Stadt!

So segne und bewahre uns alle im Namen unseres Herrn Jesus Christus
der gnädige und barmherzige Gott:
der Vater, der Sohn und der Heilige Geist. Amen

Gottesdienst am Reformationstag 2016

„Neuformatierung“

Reformation beginnt mit dem *Reset* Einzelner.

Predigt über Apostelgeschichte 8, 26-39

Festgottesdienst zur Eröffnung des Jubiläumsjahrs „500 Jahre Reformation“ und zur Einführung der neu revidierten „Lutherbibel 2017“

31. Oktober 2016 / Ludgerikirche Norden

(1)

„Reformatio“ ist lateinisch und heißt: „Erneuerung“ - „Verbesserung“ - „Umgestaltung“ - „Neugestaltung“[1]. In Zeiten des Computers könnten wir auch sagen: Reformation bedeutet *„Neuformatierung“*. Nur dass 1517 keine *Festplatte* neu formatiert wurde – sondern zunächst einmal ein einzelnes Menschenleben. Und dann die Christenheit.

„Reformation“, liebe Gemeinde – Reformation fängt immer mit der Neuformatierung eines einzelnen Lebens an. Als hätte Gott selbst den *Reset-Knopf* gedrückt und Martin Luther noch einmal bei „0“ anfangen lassen! Genau da wollte Martin Luther ja auch hin: zu den Anfängen des christlichen Glaubens. *„Back to the roots“ – zurück zu den Wurzeln.* Die entdeckte er neu: beim Lesen der Bibel. Beim Studieren der uralten Texte. Indem er durch jahrhundertealten Kommentarwust und durch ganz moderne Buchdrucker-Bleiwüsten hindurchstieß: zur Wurzel des Glaubens. Zum Evangelium. Zu Jesus Christus selbst. - Alles auf Anfang: *Reset.*

So begann durch die Neuformatierung dieses Einen die Reformation einer ganzen Welt, einer Welt, die in ihrem Aberglauben und in ihrer Angst, in ihrer Geld-Geilheit und in ihrem kirchlichen Machtgebaren zu ersticken drohte.

Neu formatiert wurden auch Ulrich Zwingli in der Schweiz und Johannes Calvin in Frankreich, die Wurzel-Entdecker der Reformierten Kirche. Neu formatiert wurde auch Philipp Melanchthon, der die Bildung zu den Evangelischen brachte, *Volksbildung* für Jungen *und* Mädchen, jeder und jede sollte *selbst* die Bibel lesen können und sich von Gott *re-setten* lassen. So viele Neuanfänge!

Reformation fängt *immer* mit der Neuformatierung eines einzelnen Lebens an. Genau darum geht es im Predigttext, den die EKD für den heutigen Reformationstag ausgesucht hat: Apostelgeschichte 8, *„Der Kämmerer aus Äthiopien“*, ich lese aus der neu revidierten Übersetzung „Luther 2017“:

---

1 So das renommierte Internet-Wörterbuch dict.cc

Aber der Engel des Herrn redete zu Philippus und sprach: Steh auf und geh nach Süden auf die Straße, die von Jerusalem nach Gaza hinabführt und öde ist. Und er stand auf und ging hin. Und siehe, ein Mann aus Äthiopien, ein Kämmerer und Mächtiger am Hof der Kandake, der Königin von Äthiopien, ihr Schatzmeister, war nach Jerusalem gekommen, um anzubeten. Nun zog er wieder heim und saß auf seinem Wagen und las den Propheten Jesaja.

Der Geist aber sprach zu Philippus: Geh hin und halte dich zu diesem Wagen! Da lief Philippus hin und hörte, dass er den Propheten Jesaja las, und fragte: Verstehst du auch, was du liest? Er aber sprach: Wie kann ich, wenn mich nicht jemand anleitet? Und er bat Philippus, aufzusteigen und sich zu ihm zu setzen. Die Stelle aber der Schrift, die er las, war diese (Jesaja 53,7-8): »Wie ein Schaf, das zur Schlachtung geführt wird, und wie ein Lamm, das vor seinem Scherer verstummt, so tut er seinen Mund nicht auf. In seiner Erniedrigung wurde sein Urteil aufgehoben. Wer kann seine Nachkommen aufzählen? Denn sein Leben wird von der Erde weggenommen.« Da antwortete der Kämmerer dem Philippus und sprach: Ich bitte dich, von wem redet der Prophet das, von sich selber oder von jemand anderem? Philippus aber tat seinen Mund auf und fing mit diesem Schriftwort an und predigte ihm das Evangelium von Jesus.

Und als sie auf der Straße dahinfuhren, kamen sie an ein Wasser. Da sprach der Kämmerer: Siehe, da ist Wasser; was hindert's, dass ich mich taufen lasse? Und er ließ den Wagen halten und beide stiegen in das Wasser hinab, Philippus und der Kämmerer, und er taufte ihn. Als sie aber aus dem Wasser heraufstiegen, entrückte der Geist des Herrn den Philippus und der Kämmerer sah ihn nicht mehr; er zog aber seine Straße fröhlich.

(2)

Neuformatierung eines Einzelnen – wie geht das?

Philippus bekommt eine *Platzanweisung* von Gott. Dieser Philippus ist kein Unbekannter: Er gehört zu den ersten 7 Diakonen, die zwei Kapitel vorher zum Dienst an den Ausländern in Jerusalem eingesetzt wurden. Arbeitsteilung von Anfang an! Jetzt also sein besonderer Auftrag. Ein **Engel des Herrn** habe ihn angewiesen, so erzählte man später, und der Heilige **Geist** ließ ihn begreifen, was er tun solle. Eine *Platzanweisung* also, die ihn an die Hauptverkehrsstraße nach Süden stellt, die Route hinunter nach Ägypten, nach Äthiopien, nach Afrika. Keine Pracht-Allee, eine staubige Landstraße, charakterisiert durch ein einziges Wort: **öde**. Andere Übersetzungen sagen: *menschenleer*[2].

---

2 So die BasisBibel.

Aber einer kommt hier durch, der ihn besonders nötig hat: ein **Kämmerer** der Königin von Äthiopien, ihr Schatzmeister, wir würden sagen: ihr *Finanzminister.* Der hat aber nicht nur *Geld* im Sinn, der ist auf der Suche nach *Gott*. Wie viele Menschen damals und heute findet er offenbar die jüdische Religion faszinierend, *ein Gott für alle Menschen*, einer mit klaren Geboten und uralten Riten, das ist ja *aller Vielgötterei zum Trotz* immer schon *attraktiv* gewesen. Gerade kommt dieser mächtige Mann also von einer Reise nach Jerusalem zurück. So weit er als Ausländer den heiligen Tempel betreten durfte, ist er vorgedrungen und hat dort gebetet, aber damit nicht genug: Um noch näher an Gott heranzukommen, hat er sich die Bibel gekauft – na, wenigstens eine Schriftrolle daraus, das Buch des Propheten Jesaja. Gerade ist er bei den *Gottesknechtsliedern* angekommen: Da ist immer wieder von Einem die Rede, der die Schuld der anderen auf sich nahm, der alle Krankheiten dieser Welt ertrug, der mit seiner Botschaft abgelehnt und ausgestoßen, ja brutal geschlagen und um´s Leben gebracht wurde – ausgerechnet *den* aber hat Gott in ein neues Leben gerufen, ausgerechnet durch *ihn* schenkt Gott den Menschen *Gerechtigkeit*. Um wen geht es denn da? Um den Propheten selbst? Oder um einen Anderen?

Philippus läuft neben dem offenen Wagen her. Er hört, dass der Mann laut aus der Schriftrolle liest. Und er traut sich, zu fragen: **Verstehst du auch, was du liest?** Damit beginnt die Neuformatierung. Mit dieser Frage! *Lesen allein genügt nicht.* Thorarolle, Die Gute Nachricht, die BasisBibel, Luther 2017 – egal: **Verstehst du auch, was du liest?** Die entscheidende *Übersetzung* muss das eigene Herz erreichen, genauer: Herz und Verstand! Begreifen, was gemeint ist, nachspüren, was das für mich persönlich bedeutet, sich der Botschaft öffnen, das eigene Leben dafür öffnen, sich selbst re-formieren lassen – und neue Schritte gehen.

Genau das passiert: **Verstehst du auch, was du liest?** Der Sinnsucher fragt zurück, achselzuckend, ein bisschen enttäuscht, wie *viele* Menschen, die die Bibel aufschlagen und in ihrem Verständnis nicht weiterkommen: **Wie kann ich, wenn mich nicht jemand anleitet?** Aber da ist er bei Philippus an der richtigen Adresse, der hat sich mit seiner Frage ja förmlich angeboten – *angeboten,* nicht *angebiedert,* das ist der entscheidende Unterschied... Und der *Kämmerer* lädt ihn ein, **aufzusteigen und sich zu ihm zu setzen**. *Wegbegleitung*, das ist es: buchstäblich Begleitung auf dem Weg der Sinnsuche. Miteinander die Bibel lesen. Die eigene Einsicht weitergeben. Und Philippus **fing mit diesem Schriftwort an und predigte ihm das Evangelium von Jesus.**

Das gelingt ihm offenbar so überzeugend, dass der mächtige Mann sein Leben ganz und gar diesem Jesus Christus widmen möchte. **Siehe, da ist Wasser; was hindert's, dass ich mich taufen lasse?** Wie in der ersten Genration üblich, schließt die Taufe die Neuformatierung des Lebens ab. Am Ende ist *alles gut*, wie wir neudeutsch sagen würden: **Er zog aber seine Straße fröhlich.** Und wer weiß, vielleicht wurde dieser Kämmerer zum ersten Verkündiger des christlichen Glaubens in seiner Heimat – denn

Äthiopien gilt als eines der ältesten christlichen Länder der Welt...

Wie also geschieht die *„Neuformatierung"* eines Einzelnen? Durch einen Christen, der genau hingehört hat: auf den Engel des Herrn, auf den Heiligen Geist, auf Gottes Wort – durch einen Christen, der sich *anbietet* mit *seiner* Gotteserkenntnis, und wenn es mitten in der Einöde sein müsste – durch einen Christen, der sich einladen lässt zur Weggemeinschaft – der den anderen auf dem Weg der Sinnsuche begleitet – und der die biblischen Texte aufschließt und auf den Punkt bringt. Denn der Schlüssel zum Verständnis der ganzen Bibel ist Jesus Christus: **das Evangelium** von Gottes herzerfrischender Liebe *in seiner Person* – die *frohe Botschaft* von Gottes Menschlichkeit und Sündenvergebung – die *gute Nachricht* von Gottes großer Gnade und Barmherzigkeit: Was für ein Neuanfang – alles geschenkt! Durch diesen Jesus Christus. Gratis! *Sola Gratia – allein durch Gnade!* Du brauchst es nur zu glauben.

(3)

So geht Reformation. So hat es Martin Luther verstanden. Reformation fängt immer mit der Neuformatierung eines einzelnen Lebens an.

Und heute? Wie geht Reformation heute? Die *Neuformatierung* unsrer Kirche 500 Jahre nach dem Thesenanschlag – die Neuformatierung *unsrer* Welt aus Aberglauben und Angst, aus Geld-Geilheit und Machtgebaren?

> *Mach's wie Philippus* – ist nicht so einfach. Kleines Denkspiel: Was würde denn wohl passieren, wenn sich einer von uns an die Autobahn stellt, um irgendeinem Vorbeireisenden beim Bibellesen zu helfen: *irgendeinem* Vorbei-*rasenden* muss es heißen, geschlossene Autos, irrwitziges Tempo, keine Chance, etwas zu hören, einzusteigen, beim Lesen zu helfen...

Aber es bleibt dabei: Reformation fängt immer mit dem Einzelnen an. Dann auch mit vielen Einzelnen. Mit einem Netz von Menschen, die tun, was Philippus tat: sich anderen Menschen zuwenden. Ihre Fragen hören. Miteinander die Bibel lesen. Und dem anderen Menschen den Schlüssel dafür an die Hand geben: das Evangelium von Jesus Christus. Wer mit Herz und Verstand begreift, dass Jesus Christus die Antwort auf alle *biblischen* Fragen ist – der begreift auch, dass Jesus Christus die Antwort auf alle Probleme dieser *Welt* ist. Liebe üben statt Egoismus trainieren. Sich selbst hingeben – statt andere ausbeuten.Geschenkte Gerechtigkeit statt Selbstgerechtigkeit. Ehrfurcht vor dem Leben statt Angst vor dem Tod. Gottvertrauen statt Selbstüberschätzung. Gott allein die Ehre – keine Chance dem menschlichen Größenwahn!

Wer bietet sich heute an, wie Philippus es tat? Wer fragt freundlich nach: **Verstehst du auch, was du liest?** Wer lässt sich einladen, den Weg der Sinnsuche zu begleiten? Wer setzt mit *einem* biblischen Schriftwort an und predigt von dort aus **das Evangelium von Jesus**?

So viele Pastorinnen und Pastoren, ja. Oft hart an der Grenze der Überforderung. Manchmal längst darüber. Auch viele andere, die in der Kirche mitarbeiten: Diakonninnen und Diakone, Kirchenmusikerinnen und Kirchenmmusiker, Lektorinnen und Prädikanten, und so viele Ehrenamtliche...

Vielleicht müssen wir noch deutlicher hören, wohin Gottes Geist *uns* stellt. Vielleicht können wir noch besser verstehen, welche Fragen die Menschen umtreiben. Bestimmt sollten wir noch mehr aufpassen, dass wir uns nicht *anbiedern,* sondern *anbieten.* Und auf alle Fälle ist es gut, dass das Jubiläum „500 Jahre Reformation" uns wieder zu den Wurzeln zurückführt: Gottes Wort. Gottes Gnade. Jesus Christus. Das Evangelium. - Lassen wir uns selbst *neu* formatieren: *unseren* Glauben! Damit es am Ende auch über Dir und mir heißen kann: **Er zog aber seine Straße fröhlich.** - Amen.

Vortragsreihe zum Jubiläumsjahr 2017 „500 Jahre Reformation"
im Kirchenkreis Norden

500 Jahre Kirche der Reformation:

Was heißt Evangelisch-sein heute – im konfessionellen Miteinander? Und im Gegenüber?

24. November 2016 (Eröffnung der Reihe) / St.Bartholomäuskirche Dornum

Später leicht überarbeitet und aktualisiert:
10. September 2017 Stadtkirche Flecken Zechlin, Mark Brandenburg

1. „Ein feste Burg ist unser Gott" – oder: trutzig und protestantisch

♫ *Ein feste Burg ist unser Gott (362, 1+2)*

Die Hymne des Protestantismus: *„Ein feste Burg ist unser Gott"* – das berühmteste Lied Martin Luthers, so etwas wie die Nationalhymne der Evangelischen!

Umso überraschender, wenn dieser Choral beim deutschlandweiten Auftakt der Feiern zum 500. Reformationsjubiläum *fehlt*: Der Ratsvorsitzende der EKD, Landesbischof Bedford-Strohm, war extra nach Eisenach gekommen, um die neu revidierte Lutherbibel 2017 in einem Fernsehgottesdienst einzuführen. Margot Käßmann hielt die Festpredigt. Martin Luthers Choral kam nicht vor.

Ich selber habe das erst bewusst gemerkt, als ich von Gemeindegliedern kritisch darauf angesprochen wurde – denn ich hatte den kompletten Gottesdienstablauf für *unseren* Eröffnungsgottesdienst übernommen, und alles schien mir gut aufeinander abgestimmt. Der Kreisposaunenchor begann unseren Festgottesdienst sogar mit einem feierlichen Vorspiel über „Ein feste Burg". Nur *gesungen* haben wir die lutherische Hymne *nicht.*

Ich habe mir zunächst nicht viel dabei gedacht. Jetzt aber schon!

Der Gottesdienst-Ablauf wurde ja für alle evangelischen Kirchen landauf landab verteilt. Könnte es sein, dass der EKD-Chef-Etage Luthers Choral einfach zu *trutzig*, zu *protestantisch* erschien – an einem Reformations-Wochenende, an dem sich alle Medien auf den spektakulären Auftritt des Papstes in Lund konzentrierten, bei der weltweiten Eröffnung des Jubiläums sozusagen? Weiß jemand von uns, wie der weltweit höchste *protestantische* Repräsentant heißt? – Bischof Munib Younan, ein evangelischer Palästinenser, der Generalsekretär des Lutherischen Weltbundes, war nämlich auch dabei und wurde vom Papst freundlich umarmt... Auch in Berlin startete das Jubiläumsjahr ökumenisch, der katholische Kardinal Lehmann wurde medienwirksam mit der Martin-Luther-Medaille ausgezeichnet. Eine Woche zuvor schon berichteten die Medien über die gemeinsame Pilgerreise der katholischen Bischöfe und der EKD-Spitze ins Heilige Land.[3]

Ökumene, wohin man schaut. *Trutzig und protestantisch?* Nicht wirklich. Der EKD-Vorsitzende nahm beim Betreten des Jerusalemer Tempelbergs sein großes Bischofskreuz ab, das er sonst immer in der Öffentlichkeit trägt, Kardinal Marx, der oberste Vertreter der deutschen Katholiken, tat es ihm gleich – um die Muslime nicht zu provozieren, wie es hieß. Ich habe gehört, dass Bischof Bedford- Strohm das als Ausdruck christlicher Friedfertigkeit verstehen wollte. Friedfertigkeit – oder eine schon irritierende Tendenz zur Selbstverleugnung – um ja nicht anzuecken?

Der jüdische deutsche Historiker Prof. Michael Wolfssohn prangert dieses Verhalten in einem „offenen Brief" in der BILD-Zeitung an[4]:

> „Als Jude habe ich Ihre Haltung kritisiert, denn ebenso wie Sie Muslimen und Juden gegenüber Toleranz leben, dürfen Sie umgekehrt Toleranz von Muslimen und Juden Ihnen gegenüber erwarten.
>
> Jemanden tolerieren, bedeutet nicht Selbstaufgabe, sondern das Anders-Sein des Anderen zu akzeptieren. (…) Sie und Kardinal Marx unterwerfen sich als Christen. *Wo bleibt Ihre Vorbildfunktion, wo Ihr Bekennermut, wo Ihre Zivilcourage?*"

Ebenso kritisch kommentiert Jan Fleischhauer in seiner Kolumne auf SPIEGEL ONLINE[5]:

> „Die Demutsgeste der Bischöfe fällt in eine Zeit, in der es für Christen in vielen Ländern der Erde wohl noch nie so gefährlich war, sich zu ihrem Glauben zu bekennen. Was sich im Nahen und Mittleren Osten unter den Augen der muslimischen Geistlichkeit abspielt, ist eine Tragödie, anders kann man es nicht sagen. Ich könnte mir vorstellen, dass der Verzicht auf das Kreuz viele Christen, die trotz Verfolgung und Diskriminierung standhalten, mit Trauer und Ratlosigkeit erfüllt."
>
> Dann weist der Kommentator darauf hin, dass „in Deutschland feierlich das Reformationsjubiläum eingeleitet (wurde)", und er meint: „Wahrscheinlich wäre ein Pilgerbruder Luther den deutschen Bischöfen heute so peinlich, dass sie ihn im Hotelzimmer einschließen würden. Von einem Mann, der seine The-

---

3 Vgl. Evangelische Zeitung Nr. 46 / 2016 (13.11.), S. 1

4 Siehe http://www.bild.de/politik/ausland/michael-wolffsohn/antwort-an-kardinal-und-ekd-vorsitzendem-48758212.bild.html (14.11.2016)

5 Siehe http://www.spiegel.de/politik/deutschland/christentum-und-islam-die-unterwerfung-kolumne-a-1120073.html (7.11.2016)

sen an Kirchtüren genagelt haben soll, darf man alles erwarten, aber nicht Respekt vor dem Wunsch der Gastgeber, wenn es ums Kreuz geht."

Dazu passen weitere Beobachtungen. Ich habe noch nie so viele Warnungen gehört, man solle einen Menschen nicht vergöttern – Warnungen, die nicht etwa der Papst bei einer seiner zahlreichen Heiligsprechungen von sich gab, sondern Warnungen aus der obersten Etage unsrer evangelischen Kirche: Immer wieder in den letzten Wochen und Monaten wird davor gewarnt, Martin Luther in den Himmel zu heben. Er müsse vielmehr äußerst kritisch gesehen werden wegen seines **Antijudaismus.** Ja, dass Martin Luther sich hier in schlimmster Weise verfehlt hat, ist wahr. Das ist auch nicht damit zu entschuldigen, dass diese völlig indiskutable Haltung im 16. Jahrhundert von nahezu allen „Christen" geteilt wurde – egal, welcher Couleur, so weit ich weiß, war man da auch in Rom nicht anderer Ansicht. Diese Einstellung ist so unmenschlich wie unchristlich – wissen und glauben wir heute. Und wir wissen auch, dass Luther an anderer Stelle fragwürdige Entscheidungen getroffen hat, etwa in seiner Überreaktion auf den Aufstand der Bauern. Aber meines Wissens gehört der Gedanke einer offiziellen *Seligsprechung*, ja *Heiligsprechung* nicht zu den *evangelischen* Gepflogenheiten. Vielmehr sind wir Protestanten ja nun schon seit Jahrzehnten dafür bekannt, durch selbstkrische Nabelschau alles, aber auch wirklich alles in unsrer *eigenen* Kirche zu kritisieren, was der Idee einer reinen Christlichkeit irgendwie widersprechen könnte.

Wozu die mantra-artige Warnung vor einer Heroisierung Luthers allerdings führt, ist die Erschütterung jedes evangelischen Selbstwertgefühls – wo es das denn noch geben sollte. Wer mag sich denn noch als evangelischer Christ outen, wenn den kritischen Zeitgenossen *von unsrer eigenen Kirchenspitze aus* nahegelegt wird, beim Reformationsjubiläum zuerst einmal an Luthers Antijudaismus zu denken?! Mag man dann noch feiern?

Und dann der Vorwurf der **Kirchenspaltung**! Natürlich, der legendäre Thesenanschlag mit seiner harschen Kritik am Ablass-Handel führte in den folgenden Auseinandersetzungen dazu, dass sich ein neues Kirchenwesen entwickelte, *über das nicht mehr der Papst in Rom das Sagen hatte*. Will das im Ernst jemand bedauern? Natürlich, es hätte auch andere Möglichkeiten der Entwicklung gegeben: etwa, dass Martin Luther eingelenkt, seine Kritik zurückgenommen, stillgeschwiegen und dem Ablasshandel freien Lauf gelassen hätte. Und der Unterdrückung des Gewissens. Und der Korruption und dem Machtmissbrauch und der flächendeckenden Verdummung des gemeinen Volks! Oder dass er – wie 100 Jahre zuvor Jan Hus – von der römischen Kirche auf dem Scheiterhaufen verbrannt worden wäre. Oder dass die evangelische Bewegung schon nach kurzer Zeit mit brutaler Waffengewalt im Keim erstickt worden wäre, wie zuvor die Reformationsbewegungen der Katharer und der Waldenser im Mittelalter. Wie das dann tatsächlich wenige Jahrzehnte später in der berüchtigten Bartholomäusnacht in Frankreich geschah, 1572, wo bereits die Hälfte des Adels evangelisch geworden war – umgebracht in einer einzigen Nacht- und Nebelaktion, und Frankreich blieb beim alten Glauben. Papst Gregor XIII. ließ bei Bekanntwerden des Massakers übrigens zum Dank ein Te Deum singen und eine Gedenkmünze prägen. So hätte das auch in Deutschland sein können. *Dann wäre es nicht zur Spaltung gekommen.*

Wussten Sie, dass Luthers allererstes Lied 1523 aus einem ganz besonders traurigen Anlass entstand? In Brüssel waren am 1. Juli zwei Evangelische – Hendrik Vos und Jan van Esch – auf dem Scheiterhaufen hingerichtet worden. Zwei junge Männer. Die ersten evangelischen Märtyrer. Ungezählte weitere sollten folgen.

Der Protest gegen diese Form der Unterdrückung und des Gewaltmissbrauchs führte dazu, dass wir Evangelischen zu **Protestanten** wurden: 1529 *protestierten* sechs Fürsten und die Bevollmächtigten von vierzehn Reichsstädten als Vertreter der evangelischen Minderheit gegen die Verhängung der Reichsacht über Martin Luther – also gegen ein von Kaiser und Papst verantwortetes Todesurteil, wonach jeder Mensch den Wittenberger Reformator zur angeblichen Freude Gottes hätte erschlagen können, straffrei und von den religiösen Führern beklatscht – *mich* erinnert das an die muslimische Fatwa, mit der öffentlich zur Tötung des Schriftstellers Salman Rushdi aufgerufen wurde. Wer weiß – hätten diese 20 tapferen *Protestanten* sich den Mund verbieten lassen, wäre es nicht zur Spaltung gekommen...

Spaltung? Sie merken: Angesichts der historischen Tatsachen reagiere ich fassungslos auf diesen Vorwurf. Die eigentliche Tragik der Kirchenspaltung besteht doch wohl darin, dass die Auseinandersetzung über die Wahrheit des christlichen Glaubens nicht nur mit Worten, sondern mit *Waffen* ausgetragen wurde. Und dass die Verbreitung der evangelischen Lehre mit Waffengewalt unterdrückt wurde. Wie in vielen deutschen Territorien, so in Frankreich, so in Spanien. Und und und...

Dass der Choral *„Ein feste Burg ist unser Gott“* zu *der* Hymne des Protestantismus werden konnte, liegt eben an dieser Ursprungssituation des evangelischen Glaubens: Seine Anhänger waren *alle* mit dem Tode bedroht, Jahrzehntelang. Tatsächlich, die Reformatoren wollten zurück zu den Anfängen der Christenheit, zu den Wurzeln der Kirche – und fanden sich in ähnlicher Situation wieder, *wie die verfolgten Christen der ersten Generationen.* Kein Wunder, dass in dieser Situation Gott allein Schutz bot: eine feste Burg – *innerlich* gegen alle Anfragen der immer noch verbreiteten traditionellen Volksfrömmigkeit; *äußerlich* gegen alle brutale Gewalt der Rom-treuen Machthaber.

Spaltung? Mich stimmt es traurig, dass es der Reformation nicht gelungen ist, die *ganze* Kirche zu durchdringen und zu erneuern. Denn *das* war das Anliegen der Reformatoren.

Dass es heute gut und richtig ist, als Christen unterschiedlicher Konfession in der weltweiten Ökumene zusammenzuarbeiten: das ist wahr. Dass jetzt ein Papst an der Spitze der römisch-katholischen Kirche steht, der sich freundlich zur Reformation äußert: darüber freue ich mich. Aber darf deshalb der Eindruck entstehen, den der berühmte Pastor und Bürgerrechtler Friedrich Schorlemmer in der Evangelischen Zeitung wiedergibt: *Mag sein, dass nun unsere Urenkel lernen, dass das Jubiläum von 2017 die Selbstabschaffung des Protestantismus beschleunigt habe...*[6]??

Nein, warum wir als Protestanten nicht voller Selbstbewusstsein unser Reformationsjubiläum feiern dürften, will sich mir nicht erschließen. Und warum unsere Welt eben diesen Protestantismus nicht dringend nötig haben sollte – warum die *katholische Kirche* eine Reformation nicht dringend nötig haben sollte: das verstehe ich erst recht nicht. Fragen Sie mal viele, viele katholische Mitchristen an der Basis (etwa die katholische KirchenVolksBewegung „Wir sind Kirche“)...

In meiner Predigt zur Eröffnung des Jubiläumsjahrs habe ich die *Reformation* mit der *Neuformatierung* einer Computer-Festplatte verglichen: Nur dass 1517 keine *Festplatte* neu formatiert wurde – sondern zunächst einmal ein einzelnes Menschenleben. Und dann die Christenheit.

Damit habe ich etwas betont, was mir in vielen Veröffentlichungen zu kurz kommt: Als evangelischer Christ glaube ich, dass es *Gott selbst* war, der „den *Reset-Knopf* gedrückt und Martin Luther noch einmal bei „0“ (hat) anfangen lassen! Genau da wollte Martin Luther ja auch hin: zu den Anfängen des christlichen Glaubens. *„Back to the roots“ – zurück zu den Wurzeln.* Die entdeckte er neu: beim Lesen der Bibel. Beim Studieren der uralten Texte. Indem er durch jahrhundertealten Kommentarwust und durch ganz moderne Buchdrucker-Bleiwüsten hindurchstieß: zur Wurzel des Glaubens. Zum Evangelium. Zu Jesus Christus selbst. - Alles auf Anfang: *Reset.*“

In diesem *dankbaren* Bewusstsein: dass Gott selbst es war, der die Reformation *inspiriert* hat, bleiben wir Evangelische trutzig und protestantisch. Wer das Kreuz auf der Brust und den Choral von der „festen Burg“ dann als *Provokation* empfinden möchte, mag das tun. Reformation ist immer provozierend. Aber genau diese Provokation macht uns zu einem *interessanten* Gesprächspartner in der bunten Welt der Konfessionen und der Religionen.

2. „Es gilt ein frei Geständnis in dieser unsrer Zeit“ – oder: fundiert und fromm

♫ *„O komm, du Geist der Wahrheit“ (EG 136, 1+4)*

Fragen Sie auf der Straße mal spontan 10 Menschen, ob ihnen was zur *katholischen* Sicht auf Gott und die Welt einfällt – da wird allen 10 bestimmt jede Menge einfal-

6 Vgl. Evangelische Zeitung Nr. 46 / 2016 (13.11.), S. 2

len: der Papst und die Marienverehrung – die Heiligen – Zölibat und Priestertum – Messdiener und Weihrauch, Wallfahrten und Weihwasser und ewiges Licht, Fronleichnams-Prozessionen und Kruzifixe in der Landschaft... - Aber *evangelisch??* Gut: *nicht* der Papst, *keine* Heiligen, *kein* Zölibat - all das *nicht*. Aber *positiv*?

Die Reformatoren haben sich im 16. Jahrhundert von einer bestimmten Form von Gottesverständnis und Kirchenlehre distanziert – und ein neues Verständnis entwickelt. Wie schon gesagt: Sie waren davon überzeugt, dass damit das *ursprünglich* von der Bibel Gemeinte endlich wieder ans Licht käme. Ihre **Kerngedanken** hat man später auf vier oder fünf Kurzformeln gebracht – die gelten noch heute. Sollten SIE also demnächst auf der Straße gefragt werden, was Ihnen zur evangelischen Sicht auf Gott und die Welt einfällt – dann erzählen Sie von unseren **5 protestantischen Grundsätzen**, den sogenannten *Particula Exklusiva* (also: Ausschließlichkeits-Teilchen). Damit stehen Sie auf dem *Fundament* der evangelischen Überzeugung, ohne *fundamentalistisch* zu sein – wohl aber *fundiert* und *fromm.*

1. ***Sola Scriptura:*** *„Allein die Heilige Schrift"* eröffnet uns, wie Gott ist und was er will (nicht irgendwelche kirchlichen Überlieferungen, Vorschriften, Oberhäupter...). Die Bibel ist die Ur-kunde des Glaubens, die Bibel ist das Kriterium! Als Wort Gottes wird sie zum kritischen, herausfordernden, beseligenden und inspirierenden Gegenüber des Menschen, der hier Gottes Stimme heraushören darf und sich ansprechen lassen soll. Alle kirchlichen Traditionen sind dagegen nur menschlich-allzu-menschlich und können immer nur von Gottes Wort *abgeleitete* Bedeutung haben. Jeder Einzelne muss sich selbst von der Bibel ansprechen lassen – die Gemeinde und die Kirche als Ganze auch. Insbesondere muss jede Generation die kirchliche Gestalt und die kirchliche Lehre *von der Bibel her* kritisch überprüfen. Nichts steht so fest, als dass es von Gottes Wort her nicht kritisiert und geändert werden könnte.

2. ***Sola Gratia:*** *„Allein durch Gnade"* rettet uns Gott – weil er in seinem Wesen gnädig *ist* (und nicht erst noch von uns *umgestimmt* werden müsste). So lehrt es die Bibel. Das ist *das reine Evangelium*: die „gute Nachricht“ oder „frohe Botschaft“ im Namen des gnädigen Gottes. Gott schenkt uns seine Güte, seine Barmherzigkeit, seine Vergebung: *gratis* – völlig umsonst! Wir brauchen also keinerlei „fromme Werke“, um Gott zu beeinflussen: keine Rosenkränze und keine Bußübungen und auch keine anderen menschlich wohl verständlichen, aber Gott gegenüber völlig überflüssigen Praktiken. *Gottes Gnade reicht* – noch für den schlimmsten Sünder. Auch, wenn es vielen Menschen schwerfällt, Gottes großartiges Geschenk für sich persönlich anzunehmen – ohne irgendetwas beisteuern zu können oder beisteuern zu *müssen*! Gott schenkt – der Mensch empfängt. Denn:

3. ***Sola fide:*** *„Allein der Glaube"* bringt uns Gott nahe: das ehrliche Gottvertrau-

en (und nichts anderes). Voller Vertrauen auf Gottes Gnadengeschenk zu antworten – dankbar und voller Freude und mit dem tiefen Wunsch, nun ganz und gar in seinem Sinne zu leben und zu handeln – das ist´s! Kein Gedanke, Gott irgendetwas zurückzahlen zu müssen oder zu können! Kein innerer Druck, keine äußeren Zwänge, begeisterte Freiheit, die sich im Geiste Jesu Christi, im Sinne des menschenfreundlichen Gottes einsetzt – das ist´s! So ist das Verhältnis zu Gott reine Vertrauenssache, reine Herzensangelegenheit – ein liebevolles Miteinander.

4. ***Solus Christus:*** *„Allein Jesus Christus"* ist der Herr der Kirche, der Herr und Bruder seiner Glaubensgeschwister. Von ihm begeistert – in Seinem Geist – erkennen wir, wer Gott ist und wie Gott ist. Denn in ihm allein hat sich Gott ein für allemal verkörpert und sein wahres Gesicht gezeigt. In seinem Leben, Sterben und Auferstehen legt Jesus Christus Gottes gnädiges Wesen aus. Aufopferungsvoll ist er, hat am Kreuz alles auf sich genommen, was Gott und Mensch trennen könnte – und erschließt uns so den Zugang zum Herzen Gottes. Keine Angst mehr: im Blick auf Christus bleibt bei Gott kein herzloser Rest! Denn Christus allein ist die Mitte der Bibel – auf ihn hin muss alles bezogen, an ihm alles gemessen, von ihm her alles bedacht, in seinem Geist alles getan werden. Durch ihn schenkt Gott uns Glaube, Liebe, Hoffnung. Das genügt. Jesus Christus, dieser menschenfreundliche Gott, ist unsre Erlösung in Person – und gerade so der Kompass unseres Gewissens. - Politisch wie kirchenpolitisch heißt das:

5. ***Soli Deo Gloria:*** *„Gott allein die Ehre" – diesem* Gott, der sich in Jesus Christus liebevoll erschließt. Im Zweifelsfall muss man Ihm die Ehre geben – mehr als allen anderen Obrigkeiten, seien sie weltliche oder kirchliche Führer. Ehre im tiefsten Sinn gebührt Gott allein. *Johann Sebastian Bach*, der größte evangelische Komponist, hat diese drei Worte unter seine grandiosen Werke gesetzt – und gerade so ist wohl noch immer genug Ehre für ihn abgefallen. Für Bach und erst recht für einen jeden von uns zieht das *Soli Deo Gloria* eine scharfe Trennlinie zwischen Gottes Einzigartigkeit und vermeintlich göttlichen Gaben hier auf Erden. Gott ist Gott – der Mensch bleibt Mensch. Evangelische Christen werden in dieser Perspektive gerne zu Gottes Lob singen und musizieren und dabei *demütig* sein – und die klare Unterscheidung von Gott und Mensch, von himmlischem Anspruch und menschlichen Möglichkeiten kritisch in Politik und Gesellschaft einbringen.

3. „Nun freut euch, lieben Christen g´mein" –oder: erfreulich und befreiend

♫ *„Nun freut euch, lieben Christen g´mein" (EG 341, 1-4. 10)*

Mit seinem Choral „Nun freut euch, lieben Christen g´mein" fordert Martin Luther uns zum fröhlichen Tanz auf – „Lust und Liebe“ sollen wir in unseren Gesang legen, dabei geht es doch um Tod und Teufel, um Sünde und Gericht. Wie kann das sein?

Wenn wir die Zeilen noch einmal bewusst nachbuchstabieren, spüren wir hier – wie bei keinem anderen Lied des Reformators – seine eigene tiefe Betroffenheit, und darum dann umso mehr seine ganz *persönliche* Freude: Luther erzählt uns seinen individuellen Lebens- und Glaubensweg, wie er ihn jetzt – 1523, im Rückblick – deuten kann: seine Verlorenheit an Teufel, Tod und Sünde, sein Gefühl, diesen Mächten hilflos ausgeliefert zu sein. Klar war ihm schon, dass seine eigenen „guten Werke“ dagegen nicht ankamen, was auch immer er versuchte. Luther durchlebt seine persönliche Hölle auf Erden. Aber dann – in Strophe 4 – denkt er sozusagen *Gottes* Gedanken über sein Leben, entdeckt er Gottes „Vaterherz“. Und die Hingabe des „Besten“, was Gott der Vater zu geben hat – die Hingabe seines „lieben Sohns“, schildert Luther dann sogar als Zwiegespräch zwischen Vater und Sohn, als Gespräch auch zwischen Jesus Christus und ihm selbst: Martin Luther. Am Ende, im Anschluss an seine vollzogene Erlösung, erhält der Reformator – in Strophe 10 – von Christus selbst den Auftrag, *„Was ich getan hab und gelehrt, das sollst du tun und lehren...“*

Ein Choral, der das Lehrstück von Sünd- und Todverfallenheit des Menschen und von der göttlichen Erlösung aus reiner Gnade besingt und feiert: mit *Lust und Liebe*, eben ein Anlass zur Freude und zum fröhlichen Tanz. *Das ist es*, was „Reformation“ für Martin Luther persönlich bedeutet hat: die Überwindung seiner persönlichen Hölle, in die ihn sein eigenes Sündenbewusstsein hineingetrieben hatte – das befreite Aufatmen im Bewusstsein der liebevollen Zuwendung Gottes – himmelhochjauchzende Freude.

Auch wenn die anderen Reformatoren und die Evangelischen der ersten Generation *diese* Erfahrung vielleicht nicht *so* abgrundtief, nicht *so* und himmelhochjauchzend am *eigenen* Leibe gemacht haben: Sie teilten Luthers Freude und Begeisterung.

Wer immer sich in die schrecklichen Horror-Szenarien hineinbegibt, mit denen zu Luthers Zeiten die Menschen geängstigt und gedemütigt wurden – Höllenbilder von der ewig drohenden Qual, Gottesbilder vom ewig bedrohlichen Gott – kann auch heute noch das Aufatmen und die Freude Luthers nachempfinden. Und wer sich klarmacht, dass die höllischen Erfahrungen von Auschwitz und Aleppo in unserer Zeit ganz ähnlich zum Himmel schreien, wer begreift, wieviele Menschen auch heute noch durch die tyrannische Fratze eines himmlischen Despoten in ihrem Leben geknechtet und unterdrückt werden, möchte den fröhlichen Tanz Luthers mit *Lust und Liebe* gerne in die Gegenwart hereinholen: um den Gebeugten ein Aufatmen und den Trostlosen Freude und Hoffnung zu schenken. Ich jedenfalls möchte das als evangelischer Christ gerne tun – auf den Spuren der befreienden Erfahrung Martin Luthers.

Dass von dieser reformatorischen Freude, von diesem befreienden Aufatmen, von diesem beglückenden Gott-finden in unseren gegenwärtigen Reformationskampagnen oft so wenig zu spüren ist: das macht mich allerdings traurig, und wenn ich´s recht bedenke: wütend.

Da lautet die zentrale Botschaft der offiziellen Kampagne **„Reformationssommer 2017“**: ***„Reformation heißt, die Welt zu hinterfragen.“*** Wirklich nicht mehr? Wer hätte nicht schon alles irgendwann und irgendwie mal die Welt hinterfragt! Dürftig, dürftig, dieser Slogan. Auch die Erläuterungen stimmen mich nicht positiver: *„Wie Martin Luther und andere Reformatoren damals sind die Menschen heute aufgerufen, gemeinsam Lösungen für die Herausforderungen der Zeit zu finden.“* Nein, teure Freunde von der Werbeagentur, das könnte über jedem Workshop einer politischen Partei und über jeder Tagung einer NGO stehen, hat aber mit dem Kern der Reformation nullkommanull zu tun. Reformation ist eine Entdeckung, ein Geschenk, eine große Freude – wenn man es denn schon ohne Bezug auf den gnädigen Gott und ohne Aussprache des Namens Jesus Christus sagen möchte. Entdeckung, Geschenk, Freude signalisieren jedenfalls: Es geht um´s Evangelium, um eine lebensverändernde „frohe Botschaft“ – zuerst und zuletzt gerade nicht darum, sich Herausforderungen stellen zu *sollen* und Lösungen finden zu *müssen (für die Theologen unter uns: das wäre genau das bedrängende „Gesetz“, das Martin Luther überwunden glaubte – durch das befreiende „Evangelium“).*

Der große Theologe **Fulbert Steffensky** hat sich vor ein paar Jahren im NDR zu der Frage geäußert: *„Was liebe ich am Protestantismus?“*[7] Steffensky muss das wohl besonders gut wissen, denn der heute 83-Jährige ist mit 36 Jahren zum evangelischen Glauben konvertiert; zuvor war er 13 Jahre lang Benediktinermönch in der Abtei Maria Laach.

> *„Was liebe ich am Protestantismus?“* Zu allererst nennt Fulbert Steffensky „die Lehre von der Rechtfertigung des Menschen in den gnädigen Augen Gottes“. Darin findet er „den Grund einer unbeschreiblichen Lebensheiterkeit“. Der „Satz von der Gnade“ sei „einer der tröstlichsten Sätze der Bibel – zugleich ist er einer der kritischsten Sätze. Tröstlich ist er, weil er jedem Menschen sagt, dass er schon gefunden ist, ehe er seine Suche beginnt. So befreit dieser Gnaden-Satz von dem Zwang der Selbst-Beabsichtigung, die immer in die Verzweiflung führt. Man ist dazu befreit zu leben, zu lieben, den Willen Gottes zu tun. Und man ist davon befreit, ein Heiliger zu werden. Man lebt unter dem leichten Gedanken, dass man Fragment sein kann.“ Dies sei aber auch „die kritischste religiöse Auffasung“, die er kenne: „Der Mensch darf existieren, ohne dass er sich durch seine eigenen Stärken rechtfertigen muss“. Diese Erkenntnis Luthers richte sich heute „gegen das gesellschaftliche Diktat, Produzent der eigenen Stärke zu sein“. Denn die heutige „Aufhebung der Grenzen der Endlichkeit, das „Höher, schneller, mehr!“, sei doch eigentlich „die Feindschaft gegen andere menschliche Wesen, sogar gegen die eigene Nachkom-

7 NDR Kultur / NDR Info, Morgenandachten vom 27. Oktober bis 1. November 2008

menschaft, der die Atemluft und die Lebensmöglichkeiten genommen werden." Die reformatorische Auffassung von der Rechtfertigung erschüttert diesen „Unendlichkeitswahn": „Der Mensch muss sich nicht selbst genug sein. Gott ist sein Genug, das genügt."

Diese Liebe zum Protestantismus, diese Freude an seinen Grundüberzeugungen und Kerngedanken: die wünschte ich mir bei denen, die offizielle Kampagnen zum Reformationsjubiläum durchführen. Die wünsche ich mir für uns alle, die wir bewusst evangelisch sind.

4. „Vom Himmel hoch, da komm ich her" – oder: volksnah und mitmenschlich

♫ *„Vom Himmel hoch, da komm ich her" (EG 24, 1-4. 13+14)*

Es heißt, Martin Luther habe dieses Lied 1535 zur Weihnachtsbescherung seiner eigenen Kinder gedichtet. Tatsächlich ist dieser Choral einem kindlichen Verständnis besonders nahe – wenn man so will: der Volksseele. Dabei treibt der Reformator auch hier hohe Theologie, die er aber – sicher ein Anliegen seiner Lieder überhaupt – den Menschen *volkstümlich* nahe bringt. Der Text des Liedes gibt einen Teil der Weihnachtsgeschichte des Lukas wieder, und zwar, als handele es sich um ein **Krippenspiel** mit verteilten Rollen. Die ersten fünf Strophen richtet der Verkündigungsengel an die Hirten und damit also an die Kinder oder an alle Gläubigen. Die weiteren Strophen bestehen aus der Aufforderung, mit den Hirten zur Krippe zu gehen. Die detailreiche Betrachtung des Christuskindes in der Krippe mündet in den Wunsch, dass nicht nur *ich* ihm im Stall von Bethlehem nahekomme, sondern dass dieses Kind sich *in mein Herz einbettet* – viele von uns werden sich dabei an ihr eigenes kindliches Nachtgebet erinnern, mit dem ganze Generationen sich in den Schlaf gebetet haben: *„Ich bin klein, / mein Herz ist rein, / soll niemand drin wohnen / als Jesus allein."*

Ursprünglich hatte Martin Luther seinem Weihnachtstext die Melodie eines Spielmannsliedes unterlegt: *Ich kumm auß frembden landen her und bring euch vil der newen mär.* Auch das unterstreicht noch einmal seine Nähe zum einfachen Volk – zumindest passt das zu seinen auch sonst erkennbaren Bemühungen, dem ganz „normalen" Menschen nahe zu sein.

Dass Luther dabei auch ziemlich derb sein konnte, wissen wir nicht zuletzt aus seinen **Tischreden** – viele Freunde und Studenten, die in seinem Hause lebten, haben Luthers Äußerungen mitgeschrieben und dokumentiert. Da ist dann auch mal vom Rülpsen und Furzen die Rede – eigentlich war das nicht für die große Öffentlichkeit bestimmt, im vertrauten Kreise ging es eben hemdsärmelig zu. Und doch passt es ins Bild, dass diese gesammelten Sprüche bald nach seinem Tode veröffentlicht wurden.

„Dem Volk auf's Maul schauen": das wollte Martin Luther bekanntlich auch bei seiner **Bibelübersetzung.** Während die wieder neu revidierte Luther-Bibel immer noch versucht, den Sprachklang des Reformators zu bewahren und die für uns *traditionelle* Wortwahl zu überliefern, bemühte Luther selbst sich eindeutig darum, mit seiner Sprache auf der Höhe der Zeit zu sein – *seine* Übersetzung zielte auf eine höchst *moderne* Bibel. Volksnah waren auch seine Predigten – immer wieder streute er Sprichwörter ein, und dabei zeigte sich auch noch eine ganz andere Nähe zum „gemeinen Volk": Martin Luther war beileibe kein Asket, er aß und trank gerne und gut und nicht zu knapp: *„Für die Toten Wein, für die Lebenden Wasser: das ist eine Vorschrift für Fische"*, soll er gesagt haben.

Eigentlich ist es da kein Wunder, dass Derbheit und eine gewisse Lust am Groben auch die Auseinandersetzung mit dem Papsttum bestimmten – nicht nur bei Luther selbst, auch in seinem Umkreis: Um den Menschen, die häufig weder lesen noch schreiben konnten, die eigene Botschaft klar vor Augen zu stellen und die Sündhaftigkeit der Gegner zu karikieren, schreckten die reformatorischen Künstler vor keiner Eselei zurück. Der Buchdruck machte es möglich, dass Flugschriften mit ätzenden **Karikaturen** die Herrschaft der Fürsten und Bischöfe überall im Lande lächerlich machten – und die Reformation umso populärer werden ließ.

Diese Nähe zum Volk ging aber noch tiefer: Die Reformatoren entwarfen ein ganz **neues Berufs-Verständnis**. Luther kritisierte die Vorstellung, dass Geistliche in einem *besseren* „Stand" seien, als andere Menschen. Nein, Mönche und Nonnen, Priester und Bischöfe, ja selbst der Papst stehen mit ihrer Arbeit nicht besser vor Gott, als ein Schuster, ein Schmied, eine Küchenmagd oder eine Hausfrau und Mutter. Denn *jede* menschliche Arbeit, die dem Nächsten nützt, geschieht ganz im Sinne Gottes und ist deshalb so wertvoll wie der Gottesdienst am Sonntag. „Beruf" kommt von „Berufung": Gott mag einen Menschen auch dazu *berufen* haben, Brot zu backen, Kleider zu nähen oder Kinder zu stillen, wie könnte diese Arbeit dann weniger wert sein als das Beten in der Kirche? Die Hochschätzung *jeder* Arbeit, die anderen Menschen guttut, verleiht den weltlichen Berufen, ja noch den ärmsten Menschen und ihren so lange als minderwertig eingestuften Tätigkeiten *eine besondere Würde*. Evangelisch sein heißt von Anfang an: menschliche Arbeit wertzuschätzen – und den Arbeiter oder die Arbeiterin auch.

Damit verbindet sich die typisch protestantische **Verantwortung** für den Nächsten und für die Gesellschaft. Sinnvolle Arbeit ist ja immer Dienst am Nächsten. Seine Grundgedanken dazu hat Martin Luther schon 1520 in einer klassischen Reformationsschrift beschrieben: **Von der Freiheit eines Christenmenschen.** Darin formuliert er *dialektisch*, also von zwei Seiten: Einerseits gilt: *Ein Christenmensch ist ein freier Herr über alle Dinge und niemandem untertan* – eben weil Gott ihm durch das befreiende Evangelium alle Freiheit dieser Welt geschenkt hat. Andererseits gilt darum aber auch: *Ein Christenmensch ist ein dienstbarer Knecht aller Dinge und jedermann* *untertan* – nämlich in der aufopferungsvollen Hingabe an die Bedürfnisse des Nächsten und der Gesellschaft. Gerade *weil* ein Christ voller Gottvertrauen nicht länger ängstlich um sein *eigenes* Seelenheil kreisen muss, kann und soll er sich ganz und gar seinem Mitmenschen, seiner Familie, seinem Beruf, seiner gesellschaftlichen Verantwortung stellen. Damit wird jeder Christenmensch zu einem Verantwortungsträger in dieser Welt.

Wenn man diesen evangelischen Grundgedanken weiterführt – und das ist zum Teil denn doch erst reichlich spät passiert – hat diese Weltverantwortung weitreichende Folgen: Das Bewusstsein seiner eigenen Befreiung aus Sünde, Schuld und allen teuflischen Abhängigkeiten führt den Christenmenschen konsequent dazu, dass er sich *seinerseits* für die Befreiung auch aller anderen Menschen aus Sünde, Schuld und teuflischen Abhängigkeiten einsetzt. Seine Verantwortung im Geiste des befreienden Evangeliums lässt ihn also nicht nur für die Botschaft der *Sündenvergebung*, sondern auch für die Botschaft der *Sklavenbefreiung* eintreten. Der schwarze Bürgerrechtler **Martin Luther King** – als Baptist gut evangelisch – hat in den 50er und 60er Jahren des 20. Jahrhunderts *beides* in seiner Predigt und in seinem Handeln vorbildlich verkörpert. Evangelische Kirche ist in diesem Sinne immer auch *politische* Kirche: zum Wohl der Menschen und einer menschenwürdigen Gesellschaft. Im Sinne des menschenfreundlichen Gottes.

Wer der frohen Botschaft des Evangeliums glaubt – wer sich also von Herzen auf die gnädige Zusage der Sündenvergebung verlässt – steht befreit von aller Schuld vor Gott und darf in dieser Freiheit zum Wohle seiner Mitmenschen beten und arbeiten. *Jeder* Christ ist *als solcher* von Gott gerechtfertigt und geheiligt, also: freigesprochen und beauftragt. Etwas Größeres kann es gar nicht geben: Es gibt keine höhere Auszeichnung oder Würde für den Menschen. Darum ist jeder Christenmensch dazu berufen, *das* zu tun, was in der vorreformatorischen Kirche gemeinhin den *Priestern* vorbehalten war: Gottes Vergebung, Gottes Güte, Gottes Zuwendung allen anderen Menschen durch Gebet und Tat zu vermitteln. Jeder Christ hat nach evangelischer Auffassung diesen priesterlichen Auftrag. Das **Priestertum aller Gläubigen** bedeutet eine *prinzipielle Gleichwertigkeit aller Gemeindeglieder im Angesicht Gottes*. Das heißt nicht, dass es nicht unterschiedliche Ämter und Aufgaben geben müsste, mit denen die Kirche besondere Mitglieder besonders beauftragt. Martin Luther hat im Chaos seiner Zeit massiv darauf gedrungen, dass insbesondere der Predigtdienst als Dienst am Wort Gottes wohl geordnet passiert: befördert durch eine gute Ausbildung und beauftragt durch die Kirchenleitung oder die versammelte Gemeinde. Dennoch bleibt es dabei: Ein Bischof, ein Superintendent, ein Pastor steht nach evangelischer Lehre Gott nicht näher als jedes andere Gemeindeglied. Von Anfang an bringt die evangelische Kirche dadurch eine klare **Tendenz zur Demokratie** in Kirche und Gesellschaft ein – auch wenn es lange gedauert hat, bis sich diese Tendenz gegenüber dem starken Ordnungsgedanken mit seiner Verpflichtung gegenüber der Obrigkeit durchgesetzt hat.

Die protestantische Auffassung vom Priestertum aller Gläubigen, von kirchlicher und weltlicher Verantwortung des Christen und von der hohen Wertschätzung des Berufs und der Arbeit führen ebenso zur **Volksverbundenheit** der evangelischen Kirche, wie Luthers Volkstümlichkeit in Sprache, Bibelübersetzung und Liederdichtung. Die evangelische Kirche war *von innen heraus* immer eine besonders *volksverbundene* Kirche. Dass die Reformatoren von Anfang an auf den *Schutz* ihrer Landesfürsten angewiesen waren, um nicht gänzlich liquidiert zu werden, hatte allerdings auch einen unerwünschten Nebeneffekt: Die lutherische Kirche wurde in protestantischen Landen oft zu einer Obrigkeits-*nahen*, manchmal wohl auch zu einer Obrigkeits-*hörigen* Kirche.

Nach dem 2. Weltkrieg wurde die evangelische Kirche allerdings in besonderer Weise zu einer die *Demokratie* stützenden, *staatstragenden Kirche*. Das zeigt sich auch daran, dass von den bisherigen 11 Bundespräsidenten bis auf Heinrich Lübke und Christian Wulff *alle* evangelisch waren, und dass viele von ihnen – wie Richard von Weizsäcker, Roman Herzog, Johannes Rau und Joachim Gauck – zuvor hohe kirchliche Ämter innehatten oder sogar Pastor waren. Auch der designierte 12. Bundespräsident Frank-Walter Steinmeier, jetziger Außenminister unter einer evangelischen Pfarrerstochter – Angela Merkel –, ist ein engagierter evangelischer Christ. Steinmeier sollte als „bekennendes Mitglied der evangelisch-*reformierten* Kirche“, wie es im Internet heißt, 2019 sogar Präsident des Deutschen Evangelischen Kirchentags werden – auf dem Kirchentag habe ich selbst ihn auch schon aufgrund seiner klaren evangelischen Botschaft schätzen gelernt.

Traditionell *volksverbunden*, *staatstragend* und nicht zuletzt angesichts der engagierten Flüchtlingsarbeit in vielen evangelischen Gemeinden wohl auch *staatsprägend*: das ist die evangelische Kirche in Deutschland. Dabei ist der Singular ja nicht korrekt: Eigentlich müsste ich stets von *den* evangelischen *Landeskirchen* im Plural sprechen. Da mag man es bedauern, dass wir als Evangelische längst nicht so einheitlich und eindeutig auftreten können, wie die Katholiken.

> Der ehemalige Katholik Fulbert Steffensky aber schätzt gerade das: Er liebe am Protestantismus „seine **Buntheit und Vielfalt**. Die Gottesdienste im lutherischen Hamburg sehen anders aus als die der Reformierten in Emden. Die Theologien sind bunt und vielfältig. Die Leitenden einer Landeskirche heißen in Hannover Bischöfin, in der Rheinischen Kirche Präses, in Hessen Kirchenpräsident und als Gipfel des *understatement* in der Bremischen Kirche Schriftführer. Protestantismus kommt sozusagen immer im Dialekt vor.“

Was aber, wenn dieser „Dialekt“ nicht mehr verstanden wird? Wenn der tradiditionell so volksverbundenen evangelischen Kirche das Volk wegläuft? Oder wenn sie das Volk schlicht nicht mehr erreicht? Wie könnte die evangelische Kirche dann noch *staatstragend* sein – geschweige denn *staatsprägend*?

Noch gibt es sie: die evangelische Kirche als **Volkskirche**, und ich behaupte: Das tut unserem Volk gut. Staat und Gesellschaft sind in Deutschland zutiefst von evangelischen Werten, von protestantischem Berufsethos und – siehe das Priestertum *aller* Gläubigen – von demokratischem Verantwortungsbewusstsein bestimmt. Unsere Kirche zu schwächen, hieße, den Kitt aufzulösen, der unsere Gesellschaft menschlich zusammenhält.

Lange bedeutete „Volkskirche“ – nach dem lateinischen Wort für „Volk“ = „populus“ – immer auch **populäre Kirche**. Wie sehr diese Popularität schwindet – oder vielleicht schon ganz verschwunden ist – das sehen wir, wenn der Reformationstag durch Halloween ersetzt wird. Wenn das Martini-Singen in Gruselverkleidung stattfindet, und – wie neulich bei mir vor der Tür – die einzigen, die wenigstens noch ein paar Zeilen von „Martinus Luther war ein Christ“ singen können, türkisch-stämmige Jugendliche sind...

Ich vermisse manches Mal, dass unsre evangelische Kirche nicht viel stärker für ihre eigene Popularität eintritt. Selbstbewusst protestantisch. Nicht einfach durch *irgendwelche* Events. Aber wenn klar ist, dass *„Kirche drin ist, wo Kirche drauf steht“*: dann sollte es fröhlich, begeisternd, ja: volksnah zugehen. *Wir dürfen populär sein wollen.* Wir *sollten* populär sein. Auch deshalb freue ich mich, dass wir im Kirchenkreis Norden jetzt endlich – nach dem „klassischen“ Kirchenkreiskantorat für Orgelmusik und Kantoreien und Kirchenchöre – einen Kirchenkreiskantor für *Popularmusik* beauftragen: zur Unterstützung von Kirchenbands, Gospelchören, Musicals und – wer weiß – auch Jazz.

5. „Ach, bleib bei uns, Herr Jesu Christ“ – oder: gebildet und aufgeklärt

♬ *„Ach, bleib bei uns, Herr Jesu Christ“ (EG 246, 1)*

Diese Liedstrophe gehört zu den wenigen Texten in unserem Gesangbuch, die wir dem zweiten großen Reformator neben Martin Luther verdanken: Philipp Melanchthon. Merkwürdig, dass dieser Philipp Melanchthon für die meisten Menschen immer noch ein Unbekannter ist – zu Unrecht. Dabei ist ihm beispielsweise in unsrer Norder Ludgerikirche ein Kirchenfenster gewidmet – an der Nordseite des Querschiffs sehen wir Martin Luther, an der Südseite, ihm gegenüber, seinen engsten Freund und Mitarbeiter Philipp Melanchthon. Melanchthon schloss sich schon als 21-jähriger der Reformation an, und er war von Anfang an *der* reformatorische Humanist, Philosoph und Bildungs-Organisator. Schon 1521 verfasste er die erste systematische Darstellung der reformatorischen Lehre, eine **Dogmatik** also, die der Ausbildung aller evangelischen Pastoren zugrunde gelegt wurde. Auch die „Lutherbibel“ müsste zu großen Teilen als Melanchthon-Bibel gelten – Meister Philippus war *der* Sprachen-Kenner seiner Zeit und hatte großen Anteil an der Übersetzung. Er war es auch, der in den

Wirren der Anfangsjahre die **Visitationen** organisierte und auch dafür – schon 1527 – eine Grundlegung schrieb – Visitationen, wie auch ich sie als lutherischer Superintendent heute noch durchführe. Vor allem aber stammt das entscheidende evangelisch-lutherische Glaubensbekenntnis von ihm: die **Confessio Augustana**, zu deutsch: das Augsburgische Bekenntnis von 1530, mit dem die Protestanten vor dem Reichstag zu Augsburg die evangelische Lehre behaupteten. Dieses Bekenntnis wurde zur grundlegenden Schrift des Protestantismus überhaupt – bis heute werden evangelisch-lutherische Pastorinnen und Pastoren darauf ordiniert.

Als Universitätsprofessor, Sprachengelehrter, Humanist und Philosoph war Philipp Melanchthon sicherlich der Gebildetste unter den Reformatoren. Und **Bildung** war für ihn auch im Rahmen der Reformation das große Herzensanliegen – zunächst in einem ganz elementaren Sinne:

Wenn die Kirche durch Gottes Wort geleitet wird und sich jeder einzelne Christ persönlich und unmittelbar von Gottes Wort angesprochen wissen darf, wird alles darauf ankommen, dass auch wirklich jeder Christ die Bibel *lesen* und verstehen kann. Das Prinzip *Sola Scriptura* setzt also eine umfassende **Bildung für alle Schichten** aus sich heraus. Philipp Melanchthon entwarf Schulordnungen für verschiedenste Bildungseinrichtungen überall in Deutschland. In Nürnberg gründete er die Urform des ersten deutschen Gymnasiums. Seine eigenen Werke wurden sogar in *katholisch* verbliebenen Landstrichen gedruckt, in vielen Schulen des 16. Jahrhunderts waren seine Bücher als Unterrichtsstoff vorgeschrieben, und Melanchthon erhielt den Ehrentitel *Praeceptor Germaniae*, also: *Lehrer Deutschlands*. „Bildung“ hatte für Melanchthon aber nicht nur mit alten Sprachen, wissenschaftlichen Fakten und aktuellen Kenntnissen zu tun: *Bildung* sollte den *gesamten* Menschen *nach dem Bilde Gottes* prägen – heute würden wir sagen: *ganzheitlich.*

Diese Ganzheitlichkeit umfasste **beide Geschlechter**: In Wittenberg etwa wurde 1530 eine Mädchenschule gegründet. In Genf, das durch den reformierten Theologen Johannes Calvin entscheidend beeinflusst wurde, erhielten Jungen und Mädchen *öffentlichen* und vor allem *kostenlosen* Grundschulunterricht. So legt die Reformation den Grundstein für ein allgemeines Recht auf Wissen und Bildung. *Evangelische Kirche und Bildung* gehören von Anfang an zusammen. *Geistliche Bevormundung und spiritueller Aberglaube können dadurch überwunden werden.* Wie es Philipp Melanchthon in den Lied-Zeilen ausgedrückt hat, die wir eben gesungen haben: *„Dein göttlich Wort, das helle Licht, lass ja bei uns auslöschen nicht!“* Gottes Wort als „helles Licht“, das die Dunkelheiten aufklärt: da haben wir bereits den Ansatz zur europäischen **Aufklärung**! Im Blick auf Philipp Melanchthon erscheint auch die *philosophische Aufklärung* nicht als Gegensatz, sondern **als Konsequenz** des evangelischen Glaubens: „Habe Mut, dich deines eigenen Verstandes zu bedienen!“ wie es Immanuel Kant formulierte, der wohl bedeutendste deutsche Philosoph der Aufklärung, ein Evangelischer, wen wundert´s? Überhaupt entstammten die bedeutendsten *deutschen*, vielleicht sogar die bedeutendsten *europäischen* Philosophen der Aufklärung dem Protestantismus. Bis zum heutigen Tage gilt: Umfassende, ganzheitliche Bildung und eigenes, kritisches Denken ist in der evangelischen Kirche erwünscht!

Man darf auch feststellen: Die entscheidenden Impulse für das Entstehen der **Menschenrechte** kamen aus dem Protestantismus. Auch die **Abschaffung der Folter und der Sklaverei** ging hauptsächlich auf die Initiative von Protestanten zurück.[8]

Als letzte Konsequenz für eine Kirche, die – ich blicke zurück – auf das freie Gewissen setzt, zur Verantwortung für Freiheit, Menschenrecht und Menschenwürde aufruft, mit dem *Priestertum aller Gläubigen* eine grundsätzliche Demokratisierung des Gemeindelebens beabsichtigt und mit der umfassenden *Bildung für alle* auch die intellektuelle Gleichwertigkeit behauptet, müssen **Männer und Frauen** in gleicher Weise Zugang zu allen geistlichen Ämtern haben. Als evangelische Kirche können wir gut zeigen, wie sich die Ordination von Frauen als Pastorinnen, ihre Berufung zu Superintendentinnen und Bischöfinnen dem reformatorischen Ansatz – der befreienden Botschaft des Evangeliums verdankt. Es ist nicht der viel geschmähte und höchst verdächtige *Zeitgeist* – es ist nach evangelischer Einsicht *heiliger* Geist, der seiner Kirche diese Einsicht geschenkt hat. Es ist ja doch bedauerlich, dass diese Einsicht so lange auf sich warten ließ – und doch ist es gut, feststellen zu dürfen: In unsrer Landeskirche – und in allen evangelischen Landeskirchen Deutschlands – ist die Frauenordination nach gut 50 Jahren nicht mehr verhandelbar. Dass es uns in den früher männlich dominierten Gremien, in Synoden, Konventen und Ausschüssen unendlich guttut, dass Frauen gleichberechtigt in unsrer evangelischen Kirche mitwirken *und leiten*, darf ich als Mann dankbar feststellen. Wichtig ist mir aber auch, dass wir als Evangelische Kirche die gleichberechtigte Ordination von Frauen ökumenisch und weltweit für unabdingbar halten: Das ist für uns *kein protestantisches Spezifikum*, sondern *ein christliches Erfordernis*. Ökumenische Demut, so, als hätte nun mal jede Konfession hier ihre eigene, gleichberechtigte Tradition, halte ich für falsch: Die gleichberechtigte Ausübung *aller* kirchlichen Ämter durch Frauen müssen wir *einklagen*, als Stachel im Fleisch auch der römisch-katholischen Kirche gegenüber. In diese Verantwortung hat uns Gott gestellt. Dass wir dieser Verantwortung gerecht werden – Gott gegenüber und den religiös bevormundeten Frauen gegenüber: das darf Gott von uns erwarten. Und, egal in welcher Kirche: die Frauen auch.

6. „Verleih uns Frieden gnädiglich" – oder: ehrlich und friedfertig

♫ *„Verleih uns Frieden gnädiglich" (EG 421)*

Das Votum für den Reformationstag – also das biblische Wort, das an Sonntagen als

8 Zum Ganzen siehe den umfassenden Artikel https://de.wikipedia.org/wiki/Protestantismus

„Wochenspruch" gilt – dieses Votum steht im 1. Korintherbrief, Kapitel 3, Vers 11: *Einen andern Grund kann niemand legen außer dem, der gelegt ist, welcher ist Jesus Christus.* Wenn ich am Reformationstag Gottesdienst feiere, begrüße ich die versammelte Gemeinde selbstverständlich mit diesem Votum. Und dann sage ich zur Begrüßung und zur Einstimmung stets so etwas, wie: *Einen anderen Grund* wollte Martin Luther tatsächlich *nicht* legen. Er wollte den Grund der christlichen Kirche *wieder frei-legen*: Jesus Christus. Darum allein ging es ihm. Und darum allein kann es auch uns heute am Reformationstag gehen – so etwa habe ich meine Gemeinde immer begrüßt.

Die Reformationsbewegung ist also im Kern und im Ziel **eine Christus-Bewegung**: Jesus Christus ist der Grund, auf dem wir als Christen stehen. Jesus Christus ist das Ziel, auf das wir als Christen zugehen und hin-arbeiten. Um Jesus Christus kreist unser Leben: unser gottesdienstliches Leben – unser Leben im Alltag, in der Welt. So hat es uns Martin Luther – so haben es uns die Reformatoren *alle* gelehrt. Jesus Christus sei nicht nur Grund, Mitte und Ziel *der* Kirche, die sich auf's Evangelium beruft – Jesus Christus sei Grund, Mitte und Ziel *jedes* Menschen, der den Namen Christi trägt: jedes Christen also.

Und siehe da: Im Jahr 2016-17 begehen die Evangelische *und* die Katholische Kirche das Jubiläum „500 Jahre Reformation" *gemeinsam und ausdrücklich* als *Christusfest!* Das ist für alle Menschen, die sich das Christsein gar nicht anders vorstellen können als im *alleinigen* Vertrauen auf Jesus Christus, hinter dem die Verehrung anderer Menschen, anderer Traditionen und anderer religiöser Autoritäten zurücktritt, ein großer Grund zur Freude und zur Dankbarkeit.

In einer Verlautbarung der EKD heißt es dazu:

> Jahrhundertfeiern zum Reformationstag waren bislang Anlass zur Abgrenzung der Konfessionen voneinander. Dies soll 500 Jahre nach dem Thesenanschlag Martin Luthers in Wittenberg nach dem Willen der beiden großen christlichen Kirchen in Deutschland im Jahr 2017 erstmals anders werden. Dieses Ziel haben die Evangelische Kirche in Deutschland (EKD) und die Deutsche Bischofskonferenz vereinbart und in einem offiziellen Briefwechsel festgehalten...[9]

Der Ratsvorsitzende der EKD, Landesbischof Bedford-Strohm als unser höchster evangelischer Repräsentant, sagt dazu:

> „Das Reformationsjubiläum 2017 ist im Kern ein Christusfest, das die Botschaft von der freien Gnade Gottes ausrichten will an alles Volk."

Sein römisch-katholisches Gegenüber, Kardinal Reinhard Marx als Vorsitzender der

9 Siehe https://www.ekd.de/international/presse/pm114_2015_gemeinsames_christusfest2017.html

Deutschen Bischofskonferenz, bekräftigt von katholischer Seite,

> „dass uns der Glaube an Jesus Christus, das Lesen der Heiligen Schrift und das sakramentale Band der Taufe zutiefst miteinander verbinden" ... „Unser gemeinsames Zeugnis für Jesus Christus ist heute in unserer Gesellschaft und bei der Suche vieler Zeitgenossen nach Halt und Orientierung von besonderer Dringlichkeit."

Dem können wir alle sicherlich nur zustimmen. Freilich spricht aus den begleitenden Worten des katholischen Kardinals auch die Hoffnung, dass durch eine *profilierte Feier des Reformations-Jubiläums* „die Annäherung, die zwischen unseren Kirchen erreicht wurde, nicht [etwa] gefährdet wird, ja mehr noch, dass wir unsere Einheit im Glauben sichtbar werden lassen und ihr in einer Weise Ausdruck verleihen, die die Christen in ihrem Glauben bestärkt".

Zu einem ganzen Bündel von versöhnenden Maßnahmen – u.a. eben auch die gemeinsame Reise ins Heilige Land, von der schon zu reden war – gehört am Vorabend des 2. Fastensonntags 2017 (am 11. März) ein gemeinsamer **Versöhnungsgottesdienst** in Berlin, in dem beide Kirchen, wie es heißt, „Buße und Vergebungsbitte verbinden mit Versöhnungsgesten".

Auf diesen Gottesdienst bin ich persönlich besonders gespannt. Ich halte es für selbstverständlich, dass wir auf evangelischer Seite selbstkritisch darüber nachdenken, wo wir den Menschen in unsrer katholischen Schwesterkirche Unrecht getan haben, wo wir sie durch Vorurteile diskreditiert haben, wo wir aus purer Hartherzigkeit nicht auf sie zugegangen sind, wo wir unsererseits statt der möglichen Zusammenarbeit im Namen Jesu Christi die Trennung vertieft haben. Dafür werden wir Gott und unsere katholischen Schwestern und Brüder um Vergebung bitten. Um der Ehrlichkeit willen halte ich es im Rückblick auf 500 Jahre Reformationsgeschichte dann aber auch für unabdingbar, dass die schweren Verfolgungen, Unterdrückungen und Diffamierungen deutlich zur Sprache kommen, denen der evangelische Glaube und die evangelischen Christen in den ersten Generationen – aber nicht nur damals – von katholischer Seite ausgesetzt waren. Gerade das Reformationsjubiläum bietet einen ausgezeichneten Anlass, Gewaltmissbrauch und offenkundige theologische Fehlurteile konkret zu benennen, um sie ein für allemal auszuräumen.

Und meine Hoffnung reicht noch weiter. Das Reformationsjubiläum als „Christusfest" wird uns ja vor Augen führen, dass *jeder Sonntag* im Gedenken an die Auferstehung unseres Herrn für uns Christen ein *Christusfest* ist. Wie sehr würde ich mich freuen, wenn die katholische Kirche endlich zu diesem *allwöchentlichen* Christusfest *gemeinsame* Gottesdienste evangelischer und katholischer Christen zuließe – als vollwertige gottesdienstliche Feier am Sonntag! Tatsächlich lässt sie das *nicht* zu, ökumenische Gottesdienste werden sonntags allenfalls geduldet, müssen in der Regel auf den Samstag ausweichen, wie es sogar noch der angekündigte Versöhnungsgottesdienst schmerzlich vor Augen führt.

Das hängt nun leider damit zusammen, dass nur die katholische Messe mit ihrer Abendmahlsfeier als vollwertiger Gottesdienst gilt – und dass ein katholischer Christ seiner Pflicht zur Sonntagsheiligung eben nur dann nachkommt, wenn er in der katholischen Eucharistie den Leib des Herrn Jesus empfängt.

Evangelischerseits feiern wir auch das Abendmahl als *nichts anderes* denn als *Christusfest*: Jesus Christus ist der Eine, der uns alle an seinen Tisch einlädt, ganz gleich, ob wir evangelisch oder katholisch sind, niemand wird ausgeschlossen. Ich wünsche mir, dass unsere katholische Schwesterkirche ihrerseits *jede Abendmahlsfeier* so *als Christusfest* verstehen möge – das würde sehr vielen Menschen besonders in konfessions-verbindenden Ehen und Familien seelsorgerlich unendlich gut tun.

Dazu müsste aber auch das katholische Amtsverständnis revidiert werden. Denn bis heute ist es so, dass nur ein Pfarrer, der in Verbindung mit dem Papst von Rom steht und der seine Weihe durch eine lange Kette von Handauflegungen bis auf Petrus zurückführen kann, als Priester gelten darf, der eine gültige Wandlung vollzieht – evangelische Pastorinnen und Pastoren können das nach katholischer Auffassung also *nicht*, weshalb das evangelische Abendmahl auch nichts gilt. Das wiederum hat dazu geführt, dass – auch noch nach neueren amtlichen Verlautbarungen des Vatikans – die Kirchen der Reformation *keine „Kirchen im eigentlichen Sinn"* sein sollen. So hieß es zuletzt in einer Verlautbarung des Jahres 2007, mit der die gleichlautenden Äußerungen der Instruktion *„Dominus Iesus"* aus dem Jahr 2000 noch einmal ausdrücklich bestätigt wurden. Damit rangieren die evangelischen Kirchen offiziell auf dem Niveau von Sekten – eine Einschätzung, die bis zum heutigen Tage nicht zurückgenommen wurde. Das schmerzt. Und das kann auch nicht einfach durch gemeinsame Aktivitäten zum Jubiläumsjahr übertüncht werden.

Als evangelischer Christ und Mitverantwortlicher für die Leitung unsrer Kirche wünsche ich mir, dass im Rückblick auf 500 Jahre Reformation **ehrlich und aufrichtig** miteinander umgegangen wird – und zwar auf Augenhöhe. Ich freue mich über die persönliche Wertschätzung, die Bischof Bedford-Strohm und Kardinal Marx einander entgegenbringen. Ich erwarte aber auch, dass das Jubiläum dazu beiträgt, einander diese Wertschätzung *auf allen Ebenen der Kirchen* zu erweisen. Zur Ehrlichkeit gehört ein kritischer Umgang, der von gegenseitigem Respekt geprägt wird. Kritische Anfragen an typisch katholische wie typisch evangelische Ausprägungen der Kirchlichkeit müssen wir uns gegenseitig zubilligen und miteinander aushalten. Herabwürdigungen und Beleidigungen dürfen keinen Raum mehr zwischen uns haben. Eine Ökumene, in der die strittigen Fragen und wirklichen Probleme aber *verschwiegen* werden, hilft niemandem und weicht den Herausforderungen aus.

Dass auch wir Evangelische uns bei wichtigen Weichenstellungern *unsres* christlichen Selbstverständnisses *irren* können, könnte ich umso leichter sagen, wenn ich wüsste, dass auch die katholische Seite sich nicht für „unfehlbar" hält. Wir alle sind und bleiben ohne Ausnahme fehlbare Menschen – das sollte uns miteinander demütig sein lassen.

In gemeinsamer Demut schwebt mir eine Ökumene vor, die tatsächlich Jesus Christus als gemeinsamen Grund, gemeinsame Mitte und gemeinsame Hoffnung feiert – vor aller Welt *und in den eigenen Mauern,* nicht nur, wenn wir Protestanten gerade mal 500 Jahre Reformation zelebrieren. Auf dieser Basis entdecken wir viele Gemeinsamkeiten, die es zu stärken gilt:

> Ich schätze das vorbildliche soziale Engagement ungezählter Ordensschwestern und Ordensbrüder zugunsten der Armen in der *einen* Welt – gemeinsam kämpfen wir Christen für Gerechtigkeit, gemeinsam bauen wir am Reich Gottes, in Übersee und in unserem eigenen Land, soweit das Menschen möglich ist.
>
> Ich schätze auch den immer noch viel selbstverständlicheren Gottesdienstbesuch der katholischen Basis – davon könnten wir Evangelischen uns (mit freiem Gewissen, dafür aber umso lieber) manche Scheibe abschneiden.
>
> Auch die katholische Verehrung von „Heiligen" könnte uns *motivieren* – nicht zum Heiligenkult, wohl aber zur Wertschätzung vorbildlicher Christenmenschen aus Vergangenheit und Gegenwart – wie es im evangelischen Urbekenntnis, der Confessio Augustana, im 21. Artikel heißt: *„dass man der Heiligen gedenken soll, damit wir [!] unseren Glauben stärken, wenn wir sehen, wie ihnen Gnade widerfahren und auch wie ihnen durch den Glauben geholfen worden ist; außerdem soll man sich an ihren guten Werken ein Beispiel nehmen, ein jeder in seinem Beruf"*.
>
> An mancher Stelle haben wir ja – angestoßen durch unsre katholische Schwesterkirche – Symbole der Christenheit zurückgewonnen: die Feier der Osternacht mit dem Hereintragen der *Osterkerze* etwa... Auch die *Taufkerze* gehört schon seit Jahrzehnten zum evangelischen Taufritual. Und ich selber trage über dem schwarzen Talar gerne eine *Stola* in der Farbe der Kirchenjahreszeit, weil ich meine, dass zur feierlich-schwarzen Schlichtheit des Protestantismus immer schon das fröhliche Bunt des Evangeliums gehört (übrigens trug Martin Luther bei jeder Abendmahlsfeier bunte Gewänder!).
>
> Auch das Sich-bekreuzigen hat eine Wiederentdeckung verdient: Ich selbst bekreuzige mich zu Beginn eines Gottesdienstes ebenso bewusst, wie vor dem Gang auf die Kanzel – so hat es Martin Luther in die Einleitung seines berühmten Morgensegens *und* seines Abendsegens hineingeschrieben, so steht es in unserem aktuellen Evangelischen Gesangbuch, weil uns das Zeichen des Kreuzes in jenen Geist einzeichnet, der stärker ist als Tod und Teufel.

Ich komme zum Ende und ziehe ein kurzes Fazit.

Für mich ist es ein großes Glück, evangelisch zu sein. Ich freue mich darüber, und ich möchte diese Freude weitergeben. Und ich bin davon überzeugt: Nur, wer in seiner Konfession zu Hause ist, ihre Wahrheit schätzt und sie mit dem eigenen Leben erfüllt, ist für seine Gesprächspartner aus anderen Konfessionen interessant und der Rede wert. Fulbert Steffensky hat einmal zur Frage des „interreligiösen Dialogs“ gesagt: *„Es gibt das Problem der Flucht in die Fremde, weil man dem eigenen Reichtum nicht traut, weil man ihn nicht kennt und weil man nicht gelernt hat, ihn schön zu finden. Die Voraussetzung eines jeden interreligiösen Gespräches ist die Fähigkeit, die eigenen Schätze zu lieben und charmant zu finden.“*[10]

In diesem Sinne bietet uns das Jubiläumsjahr „500 Jahre Reformation“ die große Chance, unser Evangelisch-sein auf's Neue verstehen, schätzen und lieben zu lernen. Trutzig und protestantisch. Fundiert und fromm. Erfreulich und befreiend. Volksnah und mitmenschlich. Gebildet und aufgeklärt. Ehrlich und friedfertig. Eine Einladung zum Ringen um die Wahrheit und zum gemeinsamen ökumenischen Bekenntnis für Jesus Christus, den Herrn und Heiland der Welt.

---

10 Fulbert Steffensky, Lassen und nicht im Stich lassen. Momente einer interreligiösen Grammatik, Vortrag zur Festveranstaltung „Dialog der Religionen – für die Zukunft bilden“ anlässlich des 100-jährigen Jubiläums des Bundesverbandes evangelischer Ausbildungsstätten für Sozialpädagogik (BeA) am 6. November 2009 in der Französischen Friedrichstadtkirche Berlin

Andacht zur Eröffnung des Frühjahrs-Kuratoriums der GOSSNER MISSION

„Frei aus aller Not."
Eine Einstimmung ins Lied der Freiheit.

Gedanken zum Reformations-Choral und zu den Bibelworten des Tages

24. März 2017 / Evangelisches Zentrum Berlin
Weitgehend übernommen in der Publikation GOSSNER INFO 2 / 2017, S. 3

- „Ein feste Burg ist unser Gott" - EG 362, 1-3

„Ein feste Burg ist unser Gott" – *die* protestantische Hymne.
Das Kampflied der Reformation.

Zu kämpferisch? Zu protestantisch für's Jubiläum „500 Jahre Reformation"?

Im offiziellen Ablauf zum Eröffnungsgottesdienst des Jubiläumsjahres war dieser Choral jedenfalls *nicht* vorgesehen. Auch sonst scheint es mir manches Mal so, als würde 500 Jahre *nach* Luthers mutigem Thesenanschlag *mehr die Spaltung der Christenheit beklagt* – als die damals so dringend notwendige *Neuformatierung* eines abgestürzten Sytems zu feiern.

Ging es denn nicht um die Komplett-Sanierung eines erstarrten Machtapparats? Was war denn da noch christlich, wo ein hierarchisches Oben-Unten das selbständige Denken des Einzelnen mit dem Tode bedrohte?

> Die Religion war Unterdrückung.
> Der Aberglaube grassierte.
> Was sich Kirche nannte, war oft nur ein Schachern um Geld und Einfluss.
> Die Not war groß. -

Alles schon vergessen?

„Er hilft uns frei aus aller Not", sang Martin Luther das Lied der Freiheit. Und meinte damit den befreienden Gott. Revolutionär, denn die allermeisten Menschen hatten diesen Gott bis dahin nur als finsteres Schicksal und bedrohlichen Übervater kennengelernt. *„Er hilft uns frei aus aller Not"*, sangen die Marginalisierten im Deutschland des 16. Jahrhunderts, bedroht von Kirchenbann und Todesfluch, bereit, für ihren Protest lieber auf den Scheiterhaufen zu gehen, als noch einmal die alten Lieder der Unterdrückung anzustimmen. Protestanten, die sich nicht länger mundtot machen ließen, die sich auflehnten gegen die religiöse Bevormundung, gegen die spirituelle Knechtschaft und das Diktat des großen Geldes – bis hinein in den infamen Ablass-Handel.

„Er hilft uns frei aus aller Not“, das meinte auch Joachim Gauck, als er Luthers Freiheitslied vor einer Woche zu seinem Abschied als Bundespräsident spielen ließ: erstmals beim „Großen Zapfenstreich“. Eine aktuelle Erinnerung an *den* Gott, dem wir nicht nur die Reformation der Kirche, sondern auch den Fall einer elenden Mauer verdanken. Joachim Gauck hat es sicherlich mehr als einmal *so* gesungen: als Lied der Befreiung aus Engstirnigkeit und Irrtum – als Befreiungs-Choral im Geist der Menschenwürde und des freien Gewissens.

Johannes Evangelista Gossner wusste schon, warum er nach langen persönlichen Kämpfen *evangelisch* wurde. Was Martin Luther ins Zentrum stellte, war auch für ihn zentral: Jesus Christus. Erlösende Menschenfreundlichkeit. Die lässt aufatmen. Und handeln: Gossner wusste wie der Reformator, dass ein befreites Gewissen freie Menschen macht, die sich dem Wohl ihres Nächsten zuwenden, weil sie nicht länger um ihr eigenes Seelenheil kreisen müssen.

„Er hilft uns frei aus aller Not“: Aus dem eigenen Aufatmen über die Freiheit der Erlösten wächst der Einsatz zur Befreiung aus dem Elend.

So erwartet es die Heilige Schrift vom Messias selbst:

> **Er wird mit Gerechtigkeit richten die Armen und rechtes Urteil sprechen den Elenden im Lande** – die Tageslosung für den heutigen 24. März, aufgeschrieben beim Propheten Jesaja im 11. Kapitel, eine Protestation gegen die ungerechte Behandlung der Armen und die achselzuckende Hinnahme ihres Elends.
>
> Jesus nimmt diese Zeitansage auf und spricht es in seine Gegenwart hinein: **Selig seid ihr Armen; denn das Reich Gottes ist euer** – der heutige Lehrtext aus Lukas 6.

„Er hilft uns frei aus aller Not“: Wir dürfen mit Herz und Hand Boten dieses Evangeliums sein.

Und einstimmen: *Nun lasst uns Gott, dem Herren, Dank sagen / und IHN ehren.*
Wir singen vom Choral Nr. 320 die Strophen 1, 2 und 6.

- „Nun lasst uns Gott, dem Herren...“ - EG 320, 1-2+6

  Freies Gebet

- „Erhalt uns in der Wahrheit“ - EG 320, 8

Gottesdienst am 2. Sonntag nach Ostern (Miserikordias Domini)

„Reformatorische Zeiten"
oder: Laienpredigt? Ein Gottesgeschenk!

Predigt über Hesekiel 34, 1-2. 10-12. 15-16. 31

30. April 2017 - Einführung von Lektorin Sabine Sandmann / Andreaskirche Norden

(1)

Liebe Gemeinde,

Miserikordias Domini: der *„Hirtensonntag"*! Hier in der Kirche haben wir alle wohl ein klares Bild vor Augen, wenn es um den *einen* „guten Hirten" geht, vielleicht ein Bild aus dem 19. Jahrhundert, romantisch und in warmen Farben: Jesus, wie er ein Schaf auf seinen Schultern trägt, vielleicht inmitten einer größeren Herde, liebevoll und stark wirkt er – er hat das verlorene Tier gesucht und gefunden, und wir wissen: das ist ein wunderbares Gleichnis für unseren Gott, der gerade den Verletzlichen nachgeht, den Schwachen, Bedrohten und Verirrten. Er nimmt sie zu sich und gibt ihnen den Schutz, die Zuwendung, die Fürsorge, die jeder Einzelne braucht. Romantik hin oder her, ich finde, das ist ein anrührendes Bild, ein wunderbares Gleichnis – und als Jesus das erzählt, weiß er natürlich, dass es dabei um *Menschen* geht: um *uns* verletzliche, oft ziemlich schwache, ständig bedrohte und manchmal reichlich verirrte Menschen.

> **Ich selbst will meine Schafe weiden, und ich will sie lagern lassen, spricht Gott der HERR. Ich will das Verlorene wieder suchen und das Verirrte zurückbringen und das Verwundete verbinden und das Schwache stärken und, was fett und stark ist, behüten; ich will sie weiden, wie es recht ist.**

So steht es schon im Alten Testament – beim Propheten Hesekiel im 34. Kapitel. Mit diesen Worten im Ohr, mit diesem Bild vor Augen, weiß jeder Mensch, wie sich das anfühlt: *von guten Mächten wunderbar geborgen* zu sein. Gott ist der *eine* gute Hirte *seiner Menschheit.* Jesus hat es uns vor Augen gemalt. *Andere* wollten wohl auch gerne *gute Hirten* sein, *in Gottes Namen*: Könige und Priester, politische und religiöse Führer. Meistens ist nur ein *Zerrbild* dabei herausgekommen – eine grausige Karikatur, Machtmissbrauch, Korruption, die Arroganz der Mächtigen. Dagegen predigt schon der Prophet, und das klingt bedrohlich für alle, die ein Hirtenamt beanspruchen:

> **Und des HERRN Wort geschah zu mir: Du Menschenkind, weissage gegen die Hirten Israels, weissage und sprich zu ihnen: So spricht Gott der**

HERR: Wehe den Hirten Israels, die sich selbst weiden! Sollen die Hirten nicht die Herde weiden? … So spricht Gott der HERR: Siehe, ich will an die Hirten und will meine Herde von ihren Händen fordern; ich will ein Ende damit machen, dass sie Hirten sind, und sie sollen sich nicht mehr selbst weiden. Ich will meine Schafe erretten aus ihrem Rachen, dass sie sie nicht mehr fressen sollen.

Rettungsaktion für die *einen*, Strafandrohung für die *anderen*: Den verantwortungslosen Hirten geht es an den Kragen, damit alle, die ihnen hilflos ausgeliefert sind, endlich *leben* können: gut betreut, freundlich umsorgt, stark beschützt.

Reformationszeit! Ja, die Reformationszeit fällt mir ein, *verraten und verkauft* fühlten sich viele Menschen, *verraten und verkauft* von der Kirche *und von ihren Hirten.* Seelsorge in Krankheit und Sterbensnot? Beistand und Hilfe, wenn Armut drohte? Gottes heiliges Wort, das den Weg weisen konnte, schon hier im Leben, und dann hinüber in die Ewigkeit? Liebevoller Trost im Namen eines gütigen Gottes? Fehlanzeige, immer wieder Fehlanzeige, stattdessen ein luxuriöses Leben der *Oberhirten* und ein ständiges Kreisen um die eigene Macht, den eigenen Einfluss, den eigenen Vorteil! Ablasshandel: *Wenn das Geld in den Kasten fällt, springt die Seele aus dem Feuer. Bargeld, und gleich geht's ab ins Himmelreich. Für das Seelenheil ist nichts zu teuer.* So haben wir´s gerade imPop-Oratorium „Luther" gehört und gesungen, kaum zu glauben: die Ablassprediger haben das wirklich so verbreitet, was für ein Aberglauben, was für eine Geldschneiderei, was für *miese* Hirten! **Wehe den Hirten Israels, die sich selbst weiden! Sollen die Hirten nicht die Herde weiden? … So spricht Gott der HERR: Siehe, ich will an die Hirten und will meine Herde von ihren Händen fordern** – und genau das passierte dann ja auch, so haben die Reformatoren den Einzug des Evangeliums verstanden: dass da Gott selber am Werk war. Dass Gott den falschen Hirten ihre Ämter nahm. Dass Gott selbst *neu* predigen, neu Seelsorge üben, neu helfen und heilen ließ. Und Gott selbst war es, so glaubten es die Reformatoren – Gott selbst war es, der neue gottesfürchtige *Hirten* einsetzte: *Pastoren* eben – so heißen die evangelischen Geistlichen seit der Reformation.

Reformatorische Zeiten, wenn Gott eingreift und der gute Hirte seine menschlich-allzu-menschlichen Hirten zur Rechenschaft zieht! Schon zu Zeiten des Propheten Hesekiel, vor gut 2.500 Jahren. Zu Zeiten Martin Luthers, vor rund 500 Jahren. Und wohl auch zu Zeiten Dietrich Bonhoeffers vor rund 75 Jahren, als in den „braunen" Jahren so viele Pastoren ihre Herde im Stich ließen, um einer anderen Ideologie und anderen Göttern zu folgen. Ihre jüdischen Mitchristen ließen sie im Stich, überhaupt all die Bedrohten und Schwachen, die Behinderten und angeblich nicht mehr Lebenswerten – da erhob sich die Bekennende Kirche, richtete heimlich eigene Prediger-Seminare ein, bildete eigene Pastoren aus und segnete sie ein und sagte genau, was Martin Luther und was der Prophet Hesekiel im Namen Gottes verkündigt hatten: **Wehe den Hirten, die sich selbst weiden! Sollen die Hirten nicht die Herde wei-**

den? … So spricht Gott der HERR: Siehe, ich will an die Hirten und will meine Herde von ihren Händen fordern... Und wieder vertrauten die Gläubigen darauf, dass Gott selbst den falschen Hirten ihre Ämter nehmen würde. Dass Gott selbst *neu* predigen, neu Seelsorge üben, neu helfen und heilen ließ. Dass die *Pastoren* der Bekennenden Kirche *Hirten* sein würden, wie Gott selbst sie wollte. Und Gott *wollte!* Der gute Hirte selbst greift ein. Das ist die Botschaft.

(2)

Nun sage niemand: So dramatische Zeiten sind Vergangenheit! In einer unsrer Partner-Diözesen im Norden Ugandas tobte bis ins letzte Jahr ein fürchterlicher Kirchenkampf, und auch da ging es um den Oberhirten: Der Bischof wollte nicht abtreten, obwohl er die Altersgrenze längst überschritten hatte. Korruption wurde ihm vorgeworfen, Misswirtschaft, Willkür in Personalentscheidungen, schlimmstes Machtgebaren – und dass er seine wenigen Getreuen bevorzugte, dass er jede Leitungskompetenz vermissen ließ, dass er die ausländischen Partner und Sponsoren verprellte... Selbst den Zweidrittel-Beschluss der Synode, die sich mutig gegen ihn stellte, respektierte er nicht, Zerwürfnisse zogen sich bis in die Gemeinden, viele verließen ihre Kirche: zu unglaubwürdig, zu zerstritten! Das alles hinterließ böse Verletzungen bei den wenigen, die dem alten Bischof die Treue gehalten hatten und bei den vielen, die an ihrer Kirche verzweifelten. Der Erzbischof musste eingreifen. Jetzt ist Friede, ein Vakanz-Bischof ist eingesetzt und wirkt als guter Hirte, befriedet die Situation, hat alle wichtigen Ämter mit neuen Leuten besetzt – mit neuen *Hirten* – und das Vertrauen wächst auch unter den einfachen Gemeindemitgliedern, man kämpft nicht mehr um den halsstarrigen Bischof, sondern baut an einer neuen Kirche, wirklich: voller Gottvertrauen und neuer Hoffnung. So habe ich es gestern in einer Mail aus dem Norden Ugandas gelesen – und jeder Christ dort würde sagen: Das, was heute bei Euch in Norden Predigttext ist, das haben wir gerade erlebt! Ja, es ist so, als ob Gott selbst sich unsrer Lage angenommen hat – so steht es beim Propheten Hesekiel im 34. Kapitel:

> **Denn so spricht Gott der HERR: Siehe, ich will mich meiner Herde selbst annehmen und sie suchen. Wie ein Hirte seine Schafe sucht, wenn sie von seiner Herde verirrt sind, so will ich meine Schafe suchen und will sie erretten von allen Orten, wohin sie zerstreut waren zur Zeit, als es trüb und finster war.**
>
> **(…) Ich selbst will meine Schafe weiden, und ich will sie lagern lassen, spricht Gott der HERR. Ich will das Verlorene wieder suchen und das Verirrte zurückbringen und das Verwundete verbinden und das Schwache stärken und, was fett und stark ist, behüten; ich will sie weiden, wie es recht ist.**

(3)

Amen, und „gut so"?! Keine Botschaft für *unsere* Pastoren, für *unsere* Kirche, für *unsere* Gemeinden?

Doch doch. Ich bin erschrocken, als ich diesen Text gelesen habe – er hört ja tröstlich auf, Gott selbst *wird* ja alles zum Besten wenden, das habe ich wohl gehört. Aber der Weheruf aus den ersten Versen: den kann ich doch nicht *über*hören! **Wehe den Hirten Israels, <u>die sich selbst weiden</u>! Sollen die Hirten nicht die Herde weiden?**

Nein, unsere Pastoren sind nicht korrupt. Die meisten haben auch eine gute Leitungskompetenz, finde ich. Die meisten legen wirklich kein Machtgebaren an den Tag, die ganze alte „Pfarrherrlichkeit" ist doch längst vorbei! Ich kenne keinen Pastoren, der seine Gemeindemitglieder von oben herab behandelt – und das alles kann ich auch über die anderen Leitungsämter in unsrer Kirche sagen, auch für unsre Kirchenvorsteherinnen und Kirchenvorsteher.

Und dennoch: **Wehe den Hirten, die sich selbst weiden!** Die um sich selbst kreisen, heißt das doch. Die sich vor allem mit sich selbst beschäftigen. Und da – muss ich schon seufzen. Meine Güte, in wie vielen Sitzungen kreisen wir um die Gestalt der Kirche! Um unsere Strukturen. Um die Frage der Milieus, die wir erreichen – oder nicht erreichen. Um Personalangelegenheiten. Um Bauangelegenheiten. Um Finanzangelegenheiten. Um die Entwicklung von diesem und jenem kirchlichen Ereignis und Großereignis. Immer wieder Fragebögen, Analysen, Auswertungen, Papiere. Irgendwie *soll* es dabei ja immer um die Menschen gehen, die uns in der Kirche anvertraut sind. Und um die Zukunftsfähigkeit der Kirche. Und um die Sagbarkeit des Glaubens. Aber irgendwie kreisen wir damit tatsächlich ganz oft – allzu oft – um uns selbst. **Wehe den Hirten, die sich selbst weiden!** Ein Klageruf. Ein Seufzer. In diesen Seufzer würden viele Pastorinnen und Pastoren einstimmen, da bin ich mir sicher. Und viele Kirchenvorsteherinnen und Kirchenvorsteher auch.

Hirtendienst? Hirtendienst ist jedenfalls etwas anderes als die Beschäftigung mit sich selbst. Wir alle sind doch einmal angetreten, um die Kirche zu den Menschen zu bringen – den Glauben unter´s Volk! Wir sind doch dazu da, auszuteilen aus der großen Fülle unsres Gottes, die wir erhalten haben, die wir *geschenkt* bekommen haben – zum weiter-schenken! Das weiterzugeben, wovon die Menschen *leben* – und *mit* dem sie *sterben* können: dafür sind wir da!

Ich sage das nicht, weil irgendjemand das Recht hätte, hämisch über die Pastoren und die Gemeindeleitungen und über uns Christen überhaupt herzufallen. Ich sage das, weil ich selbst darunter leide, weil sehr viele Christen *mit mir* darunter leiden – und weil wir´s doch nicht so einfach abstellen können, dafür ist die Welt zu kompliziert, dafür sind die Herausforderungen in unsrer Kirche zu vielfältig und umfangreich geworden. Aber der *Weheruf* gellt uns in den Ohren, und das muss er auch, Gottes Wort *geht uns an*, es klingt nach und trampelt auf unserem Trommelfell herum: **Wehe den Hirten, die sich selbst weiden!** Wer so sehr um sich selbst und seine eigenen kirchlichen Angelegenheiten kreist – der muss schon ziemlich verunsichert sein. Und das ist die Kirche heute, leider. Das sind viele, viele Christen: verunsichert. Und da sucht der Blick geradezu nach einem Anhalt, nach einem Ausweg, nach praktischen Lösungen: sucht in der Soziologie und in der Psychologie, sucht in Milieustudien und demographischen Analysen, rechnet die Finanzen lieber siebenundzwanzig mal durch als sechsundzwanzigmal. Auf so vieles richtet sich unser Blick – aber nicht auf Gott. Unser Gottvertrauen droht uns abhanden zu kommen.

Aber wenn ich auch weiß, dass wir das allgemeine Herumtappen und Abtasten und Absichern nicht von heute auf morgen ablegen können – eines weiß ich noch viel mehr: Gerade jetzt müssen wir unseren Blick fest auf Gott richten! Auf sein Wort! Auf das, wofür wir alle einmal angetreten sind – wozu Gott selbst uns einmal berufen hat: zur Predigt. Zur Seelsorge. Zum Gotteslob. Zur diakonischen Hilfe. Der gute Hirte *ist und bleibt* unser großes Vorbild, unsere *Inspiration.* Daran müssen wir Pastoren, wir Gemeindeleiter, wir Christenmenschen uns erinnern lassen. Von Gott. Und von unseren Gemeinden. Ja, daran muss auch die Kirchengemeinde ihre Leitung erinnern – gerade, wenn es bald wieder zu den nächsten Kirchenvorstandswahlen kommt: Wir brauchen jede Menge Kompetenz, jaja – aber vor allem anderen brauchen wir *Gottvertrauen* und *Christushoffnung!*

(4)

Könnte es sein, dass die *Krise der Kirche* uns alle wieder auf das Wesentliche bringen *soll* – genauer: dass *Gott selbst* uns durch die Krise wieder auf das Wesentliche bringen *will*?

Wehe den Hirten, die sich selbst weiden! Für solche Hirten fehlt der Nachwuchs. Und tatsächlich: Mitten in der Krise gehen uns die Pastorinnen und Pastoren aus – Vakanzen sind nur noch schwer zu besetzen. Aber gerade jetzt, mitten in der Krise, schenkt uns Gott Predigerinnen und Prediger seines heiligen Wortes – Lektorinnen und Lektoren – die *ganz und gar* auf's Wort konzentriert sind. Die sich *nicht* um Verwaltung und Bau und Finanzen und Papierkram kümmern müssen. Menschen, die einfach Freude an der Verkündigung haben. Die Lust dazu haben, zu predigen. Die sich von Gott berufen wissen. Lektorinnen und Lektoren. Prädikantinnen und Prädikanten. Ein Gottesgeschenk!

Sie, liebe Frau Sandmann[11], sind für mich so ein Gottesgeschenk! Ich kann das gar nicht hoch genug einschätzen – wir alle können das gar nicht genug wertschätzen, dass Sie nun als Lektorin Gottes Wort verkündigen! Sie helfen *wesentlich,* wo die be-

11 Sabine Sandmann wurde in diesem Gottesdienst feierlich als Lektorin der Andreasgemeinde eingesegnet.

ruflichen *Hirten* überlastet und durch unendliche viele Herausforderungen eingespannt und abgespannt sind. Gott sei Dank!

Ja, Gott sei Dank, dass es in unserem Kirchenkreis gerade jetzt so viele Laienprediger gibt, wie nie zuvor! Und ich wage mal zu sagen: In unsrer evangelischen Kirche überhaupt hat es noch nie zuvor so viele Lektorinnen und Lektoren gegeben! 500 Jahre nach der Reformation sind wir damit dem *Priestertum aller Gläubigen* – dieser Kernüberzeugung der evangelischen Christenheit – so nahe wie nie zuvor. Der Krise zum Trotz? Oder gerade, weil wir mitten in der Krise stecken?

Reformatorische Zeiten! Gott selber greift ein – das höre ich, wenn ich heute auf den Propheten Hesekiel höre. Gott selbst ist am Werke. In seiner scharfen Kritik an jeder Kirche, die sich überwiegend mit sich selbst beschäftigt. Die den Blick sonst wohin schweifen lässt – und dabei ihren Herrn und Heiland aus dem Blick verliert. Gott selbst ist am Werk aber auch in seinem grandiosen Versprechen, dass Er sich seiner Herde annimmt. Er selbst. Der gute Hirte. Mit Gottesgeschenken, die Sein Wort lebendig erhalten. Überraschend, was Gott so einfällt. **Ja, ihr sollt meine Herde sein, die Herde meiner Weide, und ich will euer Gott sein, spricht Gott der HERR.**

Amen

Andacht zur Eröffnung der Ephorenkonferenz
(Superintendentin und Superintendenten im Sprengel Ostfriesland-Ems)

Pop-Oratorium „Luther"

Titel Nr. 14: „Anfechtung"

20. April 2017 / Gemeindehaus der Ludgerikirchengemeinde Norden

Die Andacht beginnt mit der Einspielung aus dem Pop-Oratorium „Luther" (Musik: Michael Kunze, Text: Dieter Falk).

Lara — Was will Luther? Wohin geht er? Warum kämpft er?
Wofür steht er? Wer ist Luther? Martin Luther?

Philipp Melanchthon

Ich, sein Freund Philipp Melanchthon, kenn ihn gut, das darf ich sagen,
doch auch ich weiß keine Antwort auf die meisten Eurer Fragen.
Nur das eine müsst Ihr wissen:
Er ist innerlich zerrissen,
zwischen mönchischem Gehorsam und dem eigenen Gewissen.

Jede Nacht hör ich ihn stöhnen. Er muss Höllenqualen leiden.
Sein Verstand will sich versöhnen. Die Vernunft will Streit vermeiden,
doch sein Herz kann sich nicht wehren
gegen die Gewalt der Zweifel,
die ihm nachts die Ruhe stören, so wie fratzenhafte Teufel.

Chor *Zweifel – Fragen – Zweifel – Fragen.*

Erster Zweifel: Schämst du dich nicht? Du stellst dich gegen Gottes Ordnung. // *Zweifel*

Zweiter Zweifel: Schämst du dich nicht? Du bringst die Kirche in Gefahr.

Martin: Das ist nicht wahr!

Dritter Zweifel: Du traust nicht mehr / der Leseart der Kirchenväter. // *Fragen*
Du denkst wohl, dass Du klüger bist als sie. // *Zweifel*

Alle Zweifel & Ensemble:
Hochmut kommt vor dem Fall.
Immer und überall.
Ein guter Christ muss sich bescheiden
und Ärgernis vermeiden.
Niemand darf sich empörn.
Niemand den Frieden störn.
Statt Gottes Zorn auf dich zu lenken,
solltest du bedenken:
Hochmut kommt vor dem Fall.

Chor *Zweifel – Fragen – Zweifel – Fragen – Zweifel – Fragen* – [Einwürfe]

Erster Zweifel Der Papst ist Gottes Stellvertreter. / Martin: *Ein Mensch kann sich irren.*

Zweiter Zweifel Der Kaiser ist dein höchster Herr. / *Mein Herr ist Gott nur allein.*

Dritter Zweifel	Und was Gott will, lehrt nur die Kirche. / *Die Kirche kann irren.*
Vierter Zweifel	*[Zweifel]* Schon dieser Satz ist Ketzerei! - Chor: *Nicht zweifelsfrei.*
Alle Zweifel & Ensemble	Prüfe dich! Martin: *Was ist richtig?* Kehre um! *Was ist wichtig?* Gott will dich ... *Will ich das Falsche?* … fromm und stumm! *Was darf ich fragen?* Kein Weg voraus! [mit Chor] *Was darf ich sagen?* Kein Weg zurück! *Was darf ich wagen?*
	Hilflos. Planlos. Heillos. Maßlos. Ratlos. ---
Paulus	Wer nach der Wahrheit sucht, der hat nichts zu bereun.
Martin	Wer bist Du?
Paulus	Ich bin Paulus, ein Jünger des Herrn.
Martin	Was rätst du mir?
Paulus	Mein Römerbrief wird dich befrein. Martin: *Befrein?*
	Von Zweifeln, die dir deinen Weg versperrn.
Drei Scriptura Engel	Am Anfang war das Wort, und das Wort war bei Gott, und Gott war das Wort. Und Gott war das Wort.
Chor	Am Anfang war das Wort, und das Wort war bei Gott, und Gott war das Wort. Und Gott war das Wort.
	Justificatio sola fide – sola fide – sola fide. *Sola gratia sola fide – sola fide – sola fide.*
Martin	Glaube ist Gnade, nur Gottes Gnade macht uns gerecht.
Chor & Ensemble	*Gratia –*
Martin	Unsre Erlösung: Gottes Wort. Chor & Ensemble *– ...Wort*
Chor & Ensemble	*Sola scriptura sola fide – sola fide – sola fide.*
Martin	Oh, oh ja, jetzt seh ich! Endlich versteh ich: Das Wort ist Gnade. Die Schrift macht uns frei!
Chor & Ensemble	*Justificatio sola fide – sola fide – sola fide.* *Sola gratia sola fide – sola fide – sola fide.*
Martin	Das Wort schenkt den Glauben. Gott ist das Wort.
Chor & Ensemble	*Sola scriptura sola fide – sola fide – sola fide.*
Martin	Glaube und Gerechtigkeit schenkt uns nur Gott allein.

***

Ein Musical, in dem die Grundwahrheiten und fundamentalen Entdeckungen der Reformation populär besungen werden – ich hätte das für kaum möglich gehalten!

Der Texter Michael Kunze und der Komponist Dieter Falk haben mich eines Besseren belehrt. Selbstverständlich: über Geschmack kann man streiten. Es wird eine ganze Reihe Leute geben, die schon die bloße Kombination von Martin Luther und Pop-Oratorium mit Grausen erfüllt, andere, die mit den mehr oder weniger typischen Musical-Melodien grundsätzlich nichts anfangen können und wieder andere, die an den dargebotenen Inhalten herumlaborieren.

Das hält dieses außerordentliche Werk aber aus. Und ich auch.

Titel Nr. 14 „Anfechtung“ kann vielleicht besonders gut zeigen, wie es dem Librettisten gelingt, zentrale Wahrheiten der Reformations-Erkenntnis zu verdichten – und wie es der Komponist erreicht, durch kommentierende Einwürfe des Solisten-Ensembles und des Chors eine Mehrdimensionalität zu schaffen.

Die Kunstfigur „Lara“, die bereits in Titel 2 von ihren gemeinsamen Kindheitserlebnissen mit Martin Luther und seinem strengen Vater erzählt hat und in Titel 17 das romantisch-bewegende „Fass Mut! Gott liebt dich“ singen wird, um Luthers Nähe zum einfachen Volk zu unterstreichen, stellt hier in Titel Nr. 14 zu Anfang die Frage, die das gesamte Musical durchzieht: „Wer ist Luther?“

Dass der Librettist dem Thema „Anfechtung“, das für die menschliche wie theologische Entwicklung des Reformators sicherlich zentrale Bedeutung hat, einen gesamten Titel widmet, spricht für ihn. Wie dieser Titel – auch musikalisch in mehrere Abschnitte aufgeteilt – dann gestaltet wird, unterstreicht seine theologische Qualität:

Philipp Melanchthon tritt auf und deutet die innere Zerrissenheit seines Freundes mit psychologischen Anklängen, aber letztlich ganz zeitgemäß unter Hinweis auf das Teuflische dieser Verzweiflung. Die von zunächst drei, dann vier personifizierten Zweifeln vorgetragenen Anfechtungen unterstreichen diese personale Auseinandersetzung, wie Martin Luther sie tatsächlich empfunden und erlitten hat. Dabei geben die Zweifel kritische Anfragen weiter, die einem Kirchenkritiker so oder so ähnlich wohl nicht nur damals entgegengebracht worden sind: Inwieweit ist es möglich und gerechtfertigt, dass ein Einzelner seine persönliche und womöglich höchst individuelle Perspektive als die allein seligmachende Wahrheit vertritt – gegen die geballte Macht der Tradition und der gegenwärtigen Kirchengestalt in ihrer institutionellen Verfasstheit?

Besonders schön die Ironie, dem späteren Bibelübersetzer Luther mit Sprüche 16, 18 entgegenzutreten: *„Hochmut kommt vor dem Fall!“* Und die von den *Zweifeln* empfohlene *Bescheidenheit* als angeblich besonders hervorragende christliche Tugend dürfte auch in den *protestantischen* Kirchen zu späteren Zeiten gerne gegen jede Form lebendiger Kritik aufgeboten worden sein! Die knappe Auseinandersetzung um Papst, Kaiser und Kirche bringt Luthers Haltung treffsicher auf den Punkt. Diese Anfechtungs-Dialoge führen tatsächlich in die inneren Auseinandersetzungen des Reformators ein. Am Ende münden sie in eine übrigens schwer zu singende Chromatik aus „Hilflos. Planlos. Heillos. Maßlos“ – und eben: „Ratlos“.

In diese verzweifelte Ratlosigkeit hinein meldet sich Paulus zu Wort – ich finde das bei aller nötigen Knappheit grandios gedacht! Der Römerbrief des Paulus als an-sprechendes Instrument der Befreiung, um Martin Luther den Weg zu öffnen: genial!

Jetzt rezitieren drei „Scriptura-Engel" den Johannes-Prolog: „Am Anfang war das Wort..." Die Musical-Besucher kennen diesen Text und diese Melodie schon: Bereits im 2. Titel war dies die Antwort des Chors – Martin Luther, der im Gewitter vor Stotternheim im Straßendreck liegt *„als wäre er schon tot"*, träumt diese Melodie, diese Verheißung als das, was ihn gleichsam auferstehen lässt: „Am Anfang war das Wort..."

Dass dann die evangelischen *Particula exclusiva* besungen und gefeiert werden – noch dazu in lateinischer Sprache: unglaublich! Dabei erhält das *sola fide* durch die refrain-hafte Wiederholung ein deutliches Schwergewicht. Die *iustificatio* erreicht den Menschen ebenso *sola fide*, wie das *sola gratia* und das *sola scriptura.* Ich höre hier evangelische Rechtfertigungslehre und protestantische Befreiungs-Theologie in nuce:

> Glaube ist Gnade, nur Gottes Gnade macht uns gerecht.
>
> Unsre Erlösung: Gottes Wort.
>
> Das Wort ist Gnade. Die Schrift macht uns frei.
>
> Das Wort schenkt den Glauben. Gott ist das Wort.

Und als zusammenfassender Schluss-Satz dieses evangelischen Beziehungsgeflechts:

> Glaube und Gerechtigkeit schenkt uns nur Gott allein.

Theologisch wie biographisch ist damit die menschliche Anfechtung so aufgehoben, wie Martin Luther es selbst erfahren und gelehrt hat.

Mit einer Ausnahme, die denn doch bemerkenswert ist und die so *nicht* hätte passieren dürfen:
Anders als bei Luther selbst, spielt hier im Musical das *solus Christus* keine Rolle. Jesus Christus kommt in Sachen Erlösung *nicht* vor.

Warum das so ist? Michael Kunze hat alles Gewicht auf das Ringen Martin Luthers gelegt. Im Finale des Oratoriums wird etwa resümiert: *Alles, was er tat gab ihm sein Gewissen ein. / Für ihn gab es kein zurück, weil es um die Wahrheit ging.* Und weiter: *Jeder sollte selber denken. So wie Martin Luther. Jeder sollte Mut ertragen, Freiheit wagen.* Und eine Sequenz später: *Wir alle sind Gottes Kinder.* Im Kontext der lebendig geschilderten Auseinandersetzungen in Worms wird das im Gegenüber zur Papstkirche klar als *Priestertum aller Gläubigen* erkennbar – allerdings durchgängig *ohne* christologischen Bezug, vermutlich, weil sich so die aktuelle gesellschafts-motivierende und religiös-integrierende Stoßrichtung un-anstößiger besingen ließ. Am Ende steht dann eben doch kein *Indikativ*, sondern der aus dem vorbildlichen Verhalten Luthers entwickelte *Appell*: *Lasst uns mutig und wahrhaftig sein. Und frei!*

Aber so ganz möchte ich dieser Kritik nun doch nicht das letzte Wort lassen – und tatsächlich hat der Librettist Michael Kunze es ja selber bemerkt: Im Zugaben-Medley, das zu jeder Aufführung definitiv dazugehört, wird die Reihe *justificatio, sola gratia, sola scriptura* – jeweils durch das dreifache *sola fide* gefeiert –, durch ein hervorgehobenes *solus Christus* gekrönt. Und das singt der Martin-Luther-Solist buchstäblich in den höchsten Tönen.

Schade, dass das wirklich nur an dieser einen Stelle geschieht. Konsequenter Weise hätte es zentral sein können, ja müssen. Und mehr als einmal singt es Martin in diesem Pop-Oratorium ja ausdrücklich selbst: *Ihr irrt euch in mir, ich bin nicht euer Mann. Ihr wollt einen, der die Welt ändern kann, doch mir geht es nur um Gottes Wort... Ein Held, der kämpft gegen Unrecht, werd' ich niemals sein...* (Titel Nr. 4). Noch besser wäre es gewesen, den Helden-Nymbus ganz authentisch auszuschließen: indem Martin Luther auf *den* hinweist, dem sein eigener Einsatz *mit Leib und Seele* galt:

Einen anderen Grund kann niemand legen außer dem, der gelegt ist, welcher ist Jesus Christus.

Ein außergewöhnliches – und ein theologisch wie biographisch außergewöhnlich *gutes* Oratorium wäre so nahezu *perfekt* gewesen. Ein wenig bescheidener muss das Gesamt-Urteil schon ausfallen. Aber so, wie es ist, ist es dennoch geeignet, Menschen ganz neu für die Botschaft des Evangeliums zu interessieren, ja zu erreichen und zu begeistern. Ich wünsche dem Pop-Oratorium *Luther* noch viele faszinierende Aufführungen.

Visitations-Gottesdienst am 8. Sonntag nach Trinitatis

„Gleiches Licht für alle."

Wo evangelisch draufsteht, soll Evangelium drinsein.

Visitations-Ansprache über den Wochenspruch: Epheser 5, 8.9

6. August 2017 / Inselkirche Juist

(1)

Liebe Gemeinde aus Gästen und Einheimischen,

da stehe ich also als „Visitator" vor Ihnen. Juist gehört zum Kirchenkreis Norden, der Norder Superintendent hat also die schöne Aufgabe, ganz offiziell alle 6 Jahre auf Besuch zu kommen – *up visit*, wie das im Plattdeutschen heißt – und nachzusehen, wie es um das Gemeindeleben bestellt ist. Und weil ich schon ein bisschen länger im Amt bin, war ich ja auch schon 2005 und 2011 zur Visitation auf dieser wunderbaren Insel.

„Visitationen" sind so alt wie die evangelische Kirche. Schon 1527, 10 Jahre nach dem legendären Thesen-Anschlag Martin Luthers, gab es *so viele* „lutherische" Gemeinden, dass mal dringend jemand danach sehen musste, was in diesen Gemeinden eigentlich los war. Umbruch, Aufbruch – das war schon klar. Aber bei allem, was da an Neuem wuchs, gab es eben auch manchen Wildwuchs. So setzten die Reformatoren selbst – zusammen mit ihren evangelischen Landesfürsten, denn ohne deren Schutz wäre der protestantische Glaube sofort mit brutaler Gewalt ausgerottet worden – (sie setzten) kleine Teams ein, die sich auf den Weg machten. Philipp Melanchthon, der enge Freund und wichtigste Mitarbeiter Martin Luthers, war einer von ihnen. Er stellte auch einen regelrechten Leitfaden zusammen, einen *„Unterricht für die Visitatoren"*, damit die neu installierten Superintendenten überall in den evangelischen Landen wussten, worauf sie achten sollten.

> Wie predigt man die frohe Botschaft so, dass sie bei den Leuten ankommt? Wie geht man mit seiner Freiheit um, wenn man endlich von allem religiösen Druck befreit *ist*? Wenn alles an Gottes Gnade liegt, die Er uns aus freien Stücken schenkt – wenn ich also keinen Ablass bezahlen muss, wenn ich überhaupt nichts Gutes tun *kann* und auch nichts Gutes tun *muss*, um bei Ihm anzukommen – nur glauben, von Herzen auf Gott vertrauen: darf ich dann die Füße hochlegen und den lieben Gott einen guten Mann sein lassen? Oder *handle* ich jetzt erst recht *als Christenmensch*: dankbar für Gottes Güte, und darum selber mit weitem Herzen für andere Menschen?! Und wenn doch niemand mehr Mönch oder Nonne sein *muss*, um Gott besonders nahe zu sein – wenn darum viele Klöster aufgelöst wurden: Wer kümmert sich jetzt um die Armen und Kranken? Wie kann es gelingen, dass die ganze christliche Gemeinde ihre diakonische Aufgabe wahrnimmt?

> Viele Fragen, angestoßen durch die Reformation. Da musste jemand nach dem Rechten sehen, manchmal klare Ansagen machen, vor allem aber helfen und beraten. Wir würden heute sagen: Wo „evangelisch" draufstand, sollte auch Evangelium drinsein.

Fast ein halbes Jahrtausend ist das her. Visitation 2017: Im Jubiläumsjahr „500 Jahre Reformation" erleben Sie heute also etwas vom „Urgestein" der evangelischen Kirche.

***

Und zu diesem Urgestein gehört natürlich die Bibel. Gottes Wort – nicht nur für einen kleinen, elitären Zirkel von Priestern. *Die Bibel gehört unter's Volk* – das war die erklärte Absicht der Reformation. Bildung – für Jungen *und* Mädchen! Herzensbildung – für Menschen jeden Alters und in *jedem* Beruf. Gottes Weisheit, Gottes Weisung – Ausgangspunkt der Reformation.

Und darum kann ich als evangelischer Superintendent heute natürlich nicht nur über historische Entwicklungen reden. Gottes Wort gehört in jede *Visitations-Ansprache*.

Der biblische Wochenspruch – das Votum für den heutigen 8. Sonntag nach Trinitatis – dieser Wochenspruch passt ganz ausgezeichnet, finde ich: zum Sonntag, zur Visitation, zur evangelischen Kirche. Denn da heißt es im Epheserbrief: **Lebt als Kinder des Lichts; die Frucht des Lichts ist lauter Güte und Gerechtigkeit und Wahrheit.** [Epheser 5, 8.9]

Das ist mal eine Ansage! Martin Luther, Philipp Melanchthon, Johannes Bugenhagen und die anderen Reformatoren hatten ja herausgefunden, dass *vor Gott alle Menschen gleich sind*: Der Priester steht *nicht* über dem Bauern, der Papst steht *nicht* über der Hausfrau, alle Christenmenschen sind nur ein Gebet weit von Gottes Liebe entfernt. Jeder Einzelne, *jede* Einzelne steht unmittelbar vor Gott. Das dachte man bisher nur von den geweihten Priestern. Nein, sagten die Reformatoren, Jesus Christus ist das Licht der Welt, und dieses Licht scheint für *jeden* gläubigen Menschen, jeder steht in diesem Licht – *gleiches Licht für alle*, sozusagen. Das berühmte evangelische *Priestertum aller Gläubigen* – wer im Lichte Jesu Christi steht, kann und darf und soll dieses Licht weitergeben an andere Menschen, an seine ganze Umgebung, an die Welt. Ein *lichtvolles Leben*: das zeichnet den Christen aus – jeden, ohne Unterschied, ohne Stufen und ohne Hierarchie. **Lebt als Kinder des Lichts**, sagt der Apostel im Epheserbrief: das gilt für alle gleich. Das gilt auch für *uns* alle gleich, egal, ob Superintendent oder Pastorin, egal ob Kirchenmusiker oder Küster, egal, ob Mann oder Frau, egal, ob Du aus Wanne-Eickel kommst, aus Villingen-Schwenningen, aus Rottach-Egern oder von der Insel Juist. **Lebt als Kinder des Lichts** – und was das *bedeuten* könnte, das stellt der Apostel auch ganz nüchtern fest: **Die Frucht des Lichts ist lauter Güte und Gerechtigkeit und Wahrheit.** Deutlicher gesagt: Das, was das

Licht unsres Herrn Jesus Christus bewirkt *in dieser oft so finsteren Welt*: das **ist lauter Güte und Gerechtigkeit und Wahrheit**...

Menschenskinder, was für ein Programm, das haben auch wir Evangelischen in 500 Jahren nicht umsetzen können! Doch doch, manchmal schon, in manchen Winkel dieser Welt haben wir schon ein bisschen Licht gebracht: *mehr* Güte, *mehr* Gerechtigkeit, *mehr* Wahrheit – ich mag mir nicht vorstellen, wie es in unsrer Welt *ohne* das echte christliche Engagement aussähe, ohne Christen, ohne Kirche, gerade bei uns im Land.

Die Herausforderung ist gewaltig, *bleibt* gewaltig. Und wer sagt: die Herausforderung für *die Kirche* – der kann als evangelischer Christ ja nicht nur auf andere zeigen! *Du* bist die Kirche, *Du* gehörst zum Licht, *Du* bist ein Lichtträger und sollst es hell werden lassen, überall, wo Dich Dein Weg hinführt – wohin *Gott* Deine Schritte lenkt. **Lebt als Kinder des Lichts; die Frucht des Lichts ist lauter Güte und Gerechtigkeit und Wahrheit.**

Visitation 2017 – im Licht der Reformation, im Licht der Bibel. **Lebt als Kinder des Lichts**? Was ist davon zu spüren, in dieser evangelischen Gemeinde auf Juist mit ihrer Verantwortung für Einheimische und Gäste? Wie predigt man *hier* die frohe Botschaft so, dass sie bei den Leuten ankommt? Wie geht man *hier* mit der evangelischen Freiheit um, befreit von allem religiösen Druck? Wie nimmt diese Gemeinde ihren diakonischen Auftrag wahr – gegenüber Kindern und Alten und Kranken? Wie gelingt es, im Lichte Jesu Christi den Gott der Freiheit zu feiern: in Gottesdiensten und Konzerten?

Die Fragen sind *nicht sehr viel anders* als vor 500 Jahren. *Wo „evangelisch" draufsteht, soll Evangelium drinsein.* Die Herausforderungen sind geblieben. Aber das *Licht* eben auch, in dem wir beten und arbeiten. **Lebt als Kinder des Lichts** – wie gut, dass schon *vor* Beginn dieser Visitation sehr viel Licht-volles aus der Kirchengemeinde Juist zu mir nach Norden herübergeleuchtet hat.

Gott segne Juist! Gott segne Seine Kirche! Gott segne Sie alle – mit **Güte und Gerechtigkeit und Wahrheit**. In Seinem Licht.

Amen

Gottesdienst zum Kirchenkreis-Posaunenfest

„Tanz mir den Martin Luther!“

Mit Lust und Liebe evangelisch.

Predigt über den Luther-Choral „Nun freut euch, lieben Christen g´mein“
20. August 2017 / Ludgerikirche Norden

Unmittelbar vor der Predigt singt die versammelte Gemeinde, begleitet von Bläserinnen und Bläsern aus dem gesamten Kirchenkreis, die Strophen 1-4 des Luther-Chorals EG 341 „Nun freut euch, lieben Christen g´mein“.

1. Nun freut euch, lieben Christen g'mein,
und laßt uns fröhlich springen,
daß wir getrost und all in ein
mit Lust und Liebe singen,
was Gott an uns gewendet hat
und seine süße Wundertat;
gar teu'r hat er's erworben.

2. Dem Teufel ich gefangen lag,
im Tod war ich verloren,
mein Sünd mich quälte Nacht und Tag,
darin ich war geboren.
Ich fiel auch immer tiefer drein,
es war kein Guts am Leben mein,
die Sünd hatt' mich besessen.

3. Mein guten Werk, die galten nicht,
es war mit ihn' verdorben;
der frei Will haßte Gotts Gericht,
er war zum Gutn erstorben;
die Angst mich zu verzweifeln trieb,
daß nichts denn Sterben bei mir blieb,
zur Höllen mußt ich sinken.

4. Da jammert Gott in Ewigkeit
mein Elend übermaßen;
er dacht an sein Barmherzigkeit,
er wollt mir helfen lassen;
er wandt zu mir das Vaterherz,
es war bei ihm fürwahr kein Scherz,
er ließ's sein Bestes kosten.

(1)

„Nun freut euch, lieben Christen g´mein“ – was für ein Aufruf an alle, die sich „Christen“ nennen mögen! Eine Einladung zur Freude an die Christenheit ganz *allgemein*, da ist niemand ausgeschlossen, alle sollen sich mit-freuen. Und damit ist nicht nur ein Emoji auf WhatsApp gemeint oder ein Smily auf Facebook – diese Freude ist größer: ***„Fröhlich springen“*** sollen wir, man stelle sich das mal vor, Martin Luther will uns *tanzen* lassen! Wo kommen wir da hin, wenn die vereinigten Posaunenchöre hier in Ludgeri zum Tanz aufspielen! Und *gesungen werden* soll da erst recht, aber bitte kein Grabesgesang, wie er leider Gottes wohl manches Mal aus den Kirchen schallt, weil die wenigen Sänger die Lust verloren haben und die Orgel allzu bedächtig spielt. Nein, was Martin Luther hier vorschlägt, müsste wohl eher wie ein Fan-Gesang im Stadion klingen, ***„mit Lust und Liebe“***, dynamisch und mit Leidenschaft. Aus purer Freude über das, was Gott uns geschenkt hat. ***Teuer*** für ihn, aber für uns Christen nur *recht und billig*: ***„was Gott an uns gewendet hat“*** – das *Evangelium* von Gottes liebevoller Zuwendung. Die Zeit der Schacherei um Gottes Gnade ist endgültig vorüber, mit dem Gott des Evangeliums *ist kein Deal zu machen* – nichts mit Ablass und Ableistung von Sündenstrafen, kein Gedanke, diesen Gott noch irgendwie gnädig stimmen zu müssen. Er *ist* es, Ihr lieben Christen, Gott *ist* gnädig, *Gnade ist sein Wesen,* vertraut doch nur darauf, freut Euch darüber, springt in die Luft und singt es laut heraus – *Hallelujah, praise the Lord,* würde es im *Gospel* heißen, und Martin Luther meinte nichts anderes. Da kann die Melodie nicht fröhlich genug sein und der Posaunenchor niemals zu groß und der Blechbläserklang nicht laut genug! Und wenn ich noch etwas mutiger wäre, würde ich sagen: *Tanz mir den Martin Luther,* Du christliche Gemeinde!

(2)

„Nun freut euch, lieben Christen g'mein, und lasst uns fröhlich springen" – 1523 hat Martin Luther diese 10 Strophen gedichtet. Es ist überhaupt erst das zweite Lied aus seiner Feder. Im selben Jahr, kurz davor, sein erstes. *Das* steht *nicht mehr* in unserem Gesangbuch, das scheint ja auch so gar nicht ins heutige *ökumenische* Reformations-*gedenken* zu passen, *da* kann einem eher die Freude im Halse stecken bleiben: *Ein neues Lied wir heben an*, heißt dieses allererste Luther-Lied. Der Reformator hat es geschrieben, als er von der Hinrichtung der ersten evangelischen Märtyrer erfuhr: So hätte es ihm selbst ja auch ergehen können, längst, er war ja in Acht und Bann, jeder hätte ihn ungestraft totschlagen können. Aber er lebte – Hendrik Vos und Jan van Esch waren tot. Zwei junge Augustinermönche wie Luther, ach, jünger als er! Beide hatten sich in Brüssel zum Evangelium bekannt. Aber *sie* hatten keinen Landesherrn, der sie vor den päpstlichen Häschern beschützte, sie wurden verhaftet und auf dem Scheiterhaufen verbrannt. Luther ist tief erschüttert. Er beklagt das alles in seinem ersten Lied. Er feiert aber auch die Unbeugsamkeit und den festen Willen zur Wahrheit. Er tröstet seine Mitbrüder und Mitschwestern. Und er ist felsenfest davon überzeugt, dass sich am Ende eben doch die Sache des Evangeliums durchsetzen wird – weil Gott selbst dahinter steht. Die Wahrheit lässt sich nicht durch Lügen – und noch nicht einmal durch „Mord" unterdrücken. So düster ist der Anlass für Luthers erstes Lied.

Und sein *zweites* setzt er nun gleich dagegen, ganz kurz darauf, gegen die Ermordung der Glaubenszeugen, gegen die Unterdrückung der Wahrheit – ja, auch gegen die Angst unter den Evangelischen. Vor diesem Hintergrund wird mir erst klar, wie intensiv Luthers Aufruf zur Freude gemeint ist. Luther stellt die Freude am Evangelium gegen die tödlichen Kräfte der Gottlosigkeit und des Aberglaubens und der Menschenverachtung. Sein Aufruf zur Freude lässt uns gegen den Missbrauch der Religion *tanzen*! Martin Luther lässt uns singen ***mit Lust und Liebe*** gegen die Mächte des Todes, gegen den Machtmissbrauch der Mächtigen, *für* den liebevollen Gott der Gnade. So ist das also von den Ur-anfängen der Reformation her: Wo *evangelisch* gesungen, gespielt und gefeiert wird, wird gegen die Gottlosigkeit, gegen die Menschenverachtung, gegen den Aberglauben an-gesungen, dagegen an-gespielt, dagegen angefeiert. ***Nun freut euch, lieben Christen g'mein, und lasst uns fröhlich springen:***

das bedeutet *Protest* gegen das tödliche Dunkel dieser Welt, *Protest* gegen die Entchristlichung der Christenheit durch religiösen Wahn und religiöse Macht-anmaßung, Protest gegen alles, was Menschen klein machen will und Gott zu einem kleinkarierten Despoten verkommen lässt. Und jeder Posaunenchor, der im Sinn Martin Luthers aufspielt und gegen das Dunkel an-spielt, ist ein klingender Ausdruck dieses *Protestantismus*. Ihr, liebe Bläserinnen und Bläser – hier, heute, im Rahmen des Jubiläumsjahrs „500 Jahre Reformation“: Ihr betreibt hier keine Museumskultur. Ihr seid der lebendige Klang des Protestantismus. ***Nun freut euch, lieben Christen g'mein und lasst uns fröhlich springen...***

Diese 1. Strophe ist wie eine Überschrift. Freude. Fröhlichkeit. Lust und Liebe. *Unter* dieser Überschrift steht alles, was dann kommt. Und es kommt ja noch viel, eine ganze Erzählung, in der uns Martin Luther erst einmal von seinem eigenen Werdegang berichtet. Also mehr ein Erzähllied als ein Choral, mehr eine Art Bänkellied, wie es damals auf den Märkten und in den Gassen gesungen wurde. Zuerst also nicht einmal ein *Kirchenlied,* sondern ein reformatorisches Volkslied, Händler haben es gesungen, Handwerker und Mägde – das Lied wurde schnell so richtig *populär.* Und wen wundert's: Es trug sehr dazu bei, dass sich die reformatorischen Gedanken wie ein Lauffeuer ausbreiteten – Freude für's Volk, Fröhlichkeit, Lust und Liebe. Populäre Musik für die Volks-kirche.

Dabei hat das, *was* Martin Luther hier erzählt, unglaublichen Tiefgang: von Tod und Teufel, von Sünde und Hölle. Darin steckte er fest, da kam er nicht heraus, solange er versuchte, durch seine eigene Leistung bei Gott *anzukommen*. Rosenkranzbeten, auf den Knien durch die Kirche rutschen, alles Geld und Gut den Armen geben – nein, er war nie gut genug für den strengen allmächtigen Gott. So sehr er sich bemühte, so sehr spürte er sein Versagen, das war ein richtiger *Teufelskreis*, wie ein Sog, der ihn nur immer weiter in die *Gottesdepression* zog, ***zur Höllen musst ich sinken***... Ach was, kein Mensch muss sich die Hölle heute noch als brennenden Hochofen vorstellen oder den Teufel als finstere Gestalt mit Hörnern und Pferdefuß – was Menschen Menschen antun, ist doch teuflisch genug, unsere eigenen Abgründe sind höllisch genug, da gibt es kein Entrinnen...

Oder eben doch, Strophe 4 – und Luther sagt jetzt nicht: *Plötzlich hatte <u>ich</u> eine gute Idee* – oder: *mit einem Mal verstand <u>ich</u> die Bibel ganz anders*. Nein, er wechselt die Perspektive. So, als ob er selbst schon im Himmel sitzt! So, als ob er Gott ins Herz geblickt hätte! Und er lässt uns mit-singen, einen jeden von uns – so, als ob das nun auch Deine und meine Geschichte wäre: ***Da jammert Gott in Ewigkeit / mein Elend übermaßen; / er dachte an seine Barmherzigkeit / er wollt mir helfen lassen*** – ja Bruder Martin, woher weißt Du das denn alles so genau, möchte man fragen – aber klar, Martin Luther selbst hat ja immer wieder gesagt: Das weiß ich aus Gottes Wort – aus der Bibel, wenn ich sie so lese, wie Gott sie gemeint hat: nicht länger *gnaden-los* – sondern *gnaden-voll*. Liebevoll. Das habe ich erfahren, schreibt Martin Luther, singt er, predigt er uns: *Gott* ***wandte zu mir das Vaterherz***! Zu mir kleinem Menschen. Gott hat mir sein Herz eröffnet. Gott hat mir sein Herz *geschenkt.* Wenn das kein Evangelium ist: die beste Nachricht der Welt!

Und *was* Martin Luther da gehört hat, als er sein Ohr ganz nah an Gottes Herz brachte – so, als hätte er selbst im Himmel gelauscht, als hätte Gott selbst es ihm erzählt: das erfahren wir in den nächsten Strophen: eine himmlische Erzählung. - *Wir singen die Strophen 5 bis 8. ---*

(3)

5. Er sprach zu seinem lieben Sohn:
»Die Zeit ist hier zu erbarmen;
fahr hin, meins Herzens werte Kron,
und sei das Heil dem Armen
und hilf ihm aus der Sünden Not,
erwürg für ihn den bittern Tod
und laß ihn mit dir leben.«

6. Der Sohn dem Vater g'horsam ward,
er kam zu mir auf Erden
von einer Jungfrau rein und zart;
er sollt mein Bruder werden.
Gar heimlich führt er sein Gewalt,
er ging in meiner armen G'stalt,
den Teufel wollt er fangen.

7. Er sprach zu mir: »Halt dich an mich,
es soll dir jetzt gelingen;
ich geb mich selber ganz für dich,
da will ich für dich ringen;
denn ich bin dein und du bist mein,
und wo ich bleib, da sollst du sein,
uns soll der Feind nicht scheiden.

8. Vergießen wird er mir mein Blut,
dazu mein Leben rauben;
das leid ich alles dir zugut,
das halt mit festem Glauben.
Den Tod verschlingt das Leben mein,
mein Unschuld trägt die Sünde dein,
da bist du selig worden.

Habt Ihr´s gemerkt? Wenn wir diese Zeilen nicht einfach so unbeteiligt heruntersingen – wenn wir innerlich mitgehen, wenn wir selber hineinhören in diese himmlischen Worte: dann spüren wir die Liebe, die da zum Ausdruck kommt. Zuerst mal die Liebe des himmlischen Vaters zu seinem Sohn, ja: zu seinem ***lieben Sohn*** – *die wertvolle Krone seines Herzens*, so spricht Gott zum Liebsten, was er hat. Und sagt ihm, was er tun soll, so als sagte er es, um diesem *einen* zu helfen, ***dem Armen***, also dem Martin Luther. Mir auch? Bin ich denn auch so ein armer Mensch, dass Gott *mir* helfen müsste, aus der höllischen Not heraus, gegen den ***bittern Tod***, damit ich einmal zu Ihm in den Himmel komme?

Ja, so lässt es uns Martin Luther singen, Dich, mich. In Strophe 6 wird es darum ganz weihnachtlich. Der Sohn Gottes kam zur Erde – nein, wieder ganz wichtig: ***er kam zu mir auf Erden*** – er sollte nicht nur *Mensch* werden, der himmlische Gottessohn – er sollte ***mein Bruder*** werden. ***Mein Bruder****!* Ich staune. Und ich denke: Martin Luther, Du hast mich wirklich in Deine Gotteserfahrung hineingenommen. Heute würden wir das vielleicht *per Smartphone „teilen“*, wir würden uns dazu mit anderen verlinken – Luther lässt es uns singen, noch 500 Jahre später: verlinkt mit unserem Reformator. Hinein-gesungen in seine himmlische Gotteserfahrung. Beschenkt mit dem Evangelium, wie er es war: Jesus Christus ist mein Bruder, wie er Martin Luthers Bruder war.

Und so hören wir in Strophe 7, was der große Reformator von Jesus zu hören bekam. Im Mittelpunkt stehen für mich die Worte: ***Ich bin dein und du bist mein*** – heh, das ist die Sprache der Liebe, so alt wie die ältesten deutschen Liebeslieder aus dem Mittelalter: ***Ich bin din und du bist min,*** Minnegesang, den die Ritter für ihre Liebsten anstimmten! Hier ist es das Lied der Liebe, das Jesus Christus für mich anstimmt, das er mir ins Herz singt, in das er mich *einstimmen* lässt. Aus lauter Liebe nimmt der Gottessohn mein menschlich-allzumenschliches Schicksal auf sich, sehenden Auges: Der alt-böse Feind, den Luther ja auch sonst überall am Werke sieht, den überlistet der Gottessohn in menschlicher Gestalt, erträgt das Gericht über den Sünder, erträgt sogar den Tod an unsrer statt – und ist am Ende stärker als Tod und Teufel, und wer mit Ihm im Bunde ist, ist am Ende eben auch stärker als alle Höllenmächte. ***Das leid ich alles dir zugut*** – keine dogmatische Sündenlehre will das sein, keine dogmatische Erlösungslehre, sondern ein österlicher Freudengesang, ein Auferstehungs-Lachen gegen die tödlichen Mächte dieser Welt. Und das alles ganz persönlich – Dir und mir auf den Kopf zugesagt und mitten hinein ins Herz gesungen: ***Da bist du selig worden.***

Weihnachten haben wir mit diesem Lied also schon gefeiert – und Ostern auch. Jetzt folgen natürlich noch Christi Himmelfahrt – und Pfingsten, die Ausgießung des Heiligen Geistes. Wieder ganz persönlich zugewandt? Wir werden sehen – *und singen miteinander die letzten beiden Strophen. ---*

(4)

9. Gen Himmel zu dem Vater mein
fahr ich von diesem Leben;
da will ich sein der Meister dein,
den Geist will ich dir geben,
der dich in Trübnis trösten soll
und lehren mich erkennen wohl
und in der Wahrheit leiten.

10. Was ich getan hab und gelehrt,
das sollst du tun und lehren,
damit das Reich Gotts werd gemehrt
zu Lob und seinen Ehren;
und hüt dich vor der Menschen Satz,
davon verdirbt der edle Schatz:
das laß ich dir zur Letze.«

Wie vertraut klingen jetzt schon die Worte, die Jesus an uns richtet. Zuerst an Bruder Martin, aber eben auch an uns. Aufgefahren in den Himmel, sitzend zur Rechten Gottes: die Worte des Glaubensbekenntnisses kommen mir ganz selbstverständlich in den Sinn. Aber Luthers Lied macht mir die persönliche Bedeutung klar, die bleibende persönliche *Beziehung*: Ist Jesus auch *mein* ***Meister***, dort, im himmlischen Jenseits meiner Möglichkeiten? Er ***will*** das sein. Kann ich mich überhaupt dagegen wehren? Aber warum sollte ich? Aus der himmlischen Sphäre schenkt Er mir ja den Geist, *seinen* Geist – zum Trost in aller ***Trübnis***, zur *Erkenntnis* Jesu Christi, und das alles *nachhaltig*, wie wir heute sagen würden: Wer von Jesus inspiriert wird, hat nicht nur einen *Geistesblitz* – dem leuchtet das Licht des Evangeliums, den wird er Schritt für Schritt auch zukünftig ***in der Wahrheit leiten***.

Dieses Versprechen mündet in die letzte Strophe. Ein Auftrag – und eine Warnung zu guter Letzt. Die Warnung, die uns Martin Luther hier aus dem Munde Christi hören lässt, mahnt zur Vorsicht vor allem, was sich Menschen in religiöser Hinsicht ausdenken. Es stimmt ja: Wieviel Blödsinn ist mit der Religion angestellt worden! Wieviel Unfug, wieviel Aberglauben, wieviel geistige Verblödung und wieviel geistlicher Aberglauben! Dagegen stellen die Reformatoren ihr berühmtes *sola scriptura*: allein die Heilige Schrift verbürgt Gottes Wort, das ist auch hier gemeint – menschliche Traditionen können wohl ganz hilfreich sein, aber alles und jedes ist an Gottes Wort und in Gottes Geist zu prüfen: Damals. Heute. Immer.

Und schließlich der Auftrag: gewaltig! *Ja lieber Martin Luther – Du hast es immerhin zum Reformator gebracht. Aber wir: sollen wir Dir das denn auch nach-singen und nach-tun? Wie Jesus selbst handeln, wie Jesus selbst reden?!* Doch doch – das hat der Reformator ganz bewusst ans Ende gestellt, darauf zielt das ganze fröhliche Glaubenslied: Jeder Christenmensch soll und kann im Geiste Christi leben. Und arbeiten. Und zum Wohl der Mitmenschen wirken. Jeder, als ob er ein *Priester* wäre, mit einem direkten Zugang zu Gott. Mit dem Auftrag, das Heil weiterzugeben, das Gottvertrauen, die Liebe, die Hoffnung. Jeder Christenmensch *ist* so eine Art Priester – das war Martin Luther ganz besonders wichtig! Nicht nur eine religiöse Elite – Ihr alle seid die Priesterinnen und Priester unsres Herrn Jesus Christus. Das berühmte *Priestertum aller Gläubigen* – typisch evangelisch. Was für ein Segen!

Und das alles, ***damit das Reich Gotts werd gemehrt / zu Lob und seinen Ehren!*** Das Reich der Gerechtigkeit. Das Reich der Menschenwürde. Das Reich des Friedens und der Versöhnung. Das ist das Ziel – dafür haben wir Christen ein weites Herz und einen offenen Blick und die Hände frei. Weil wir als Christen des Evangeliums – so haben es uns die Reformatoren gelehrt – nicht länger um die Frage unsres Seelenheils kreisen müssten. Unsre Seele ist gerettet, unser Heil ist gesichert, allein durch Christus, *solus Christus.* Das genügt. *Er* genügt.

Was für eine Erlösung von allen religiösen Sorgen! Keiner braucht mehr um sich selbst zu kreisen! Ein Christ *kann* kein religiöser Egozentriker sein, ein Christ braucht das auch nicht mehr. Gottvertrauen genügt. Der Glaube allein genügt: *Sola fide.* Wir sind frei für andere – frei für Gottes Reich. Frei, um Ihn mit Pauken und Trompeten zu loben und zu feiern.

Nun freut euch, lieben Christen g'mein, und lasst uns fröhlich springen... Wir haben wirklich allen Grund dazu. 500 Jahre Reformation – 500 Jahre Freude am Evangelium. Dank Martin Luther. *Ach was,* würde der sagen, *Gott* sei Dank! *Mit Lust und Liebe.*

Im Namen unsres Herrn und Heilands Jesus Christus. Amen.

Gottesdienst am Erntedankfest

„Plädoyer für eine menschliche Reformation.“
Oder: Gegen den Verrat am christlichen Abendland.

Predigt über Jesaja 58, 7-12

1. Oktober 2017 / Ludgerikirche Norden

(1)

Für solche Texte liebe ich die Bibel, liebe Gemeinde –

Texte wie Jesaja 58, Grundlage für alle Erntedankfest-Predigten von den evangelischen Kanzeln unsres Landes:

> **Brich dem Hungrigen dein Brot, und die im Elend ohne Obdach sind, führe ins Haus! Wenn du einen nackt siehst, so kleide ihn, und entzieh dich nicht deinem Fleisch und Blut!**
>
> **Dann wird dein Licht hervorbrechen wie die Morgenröte, und deine Heilung wird schnell voranschreiten, und deine Gerechtigkeit wird vor dir hergehen, und die Herrlichkeit des HERRN wird deinen Zug beschließen.**
>
> **Dann wirst du rufen und der HERR wird dir antworten. Wenn du schreist, wird er sagen: Siehe, hier bin ich.**
>
> **Wenn du in deiner Mitte niemand unterjochst und nicht mit Fingern zeigst und nicht übel redest, sondern den Hungrigen dein Herz finden lässt und den Elenden sättigst, dann wird dein Licht in der Finsternis aufgehen, und dein Dunkel wird sein wie der Mittag.**
>
> **Und der HERR wird dich immerdar führen und dich sättigen in der Dürre und dein Gebein stärken. Und du wirst sein wie ein bewässerter Garten und wie eine Wasserquelle, der es nie an Wasser fehlt.**
>
> **Und es soll durch dich wieder aufgebaut werden, was lange wüst gelegen hat, und du wirst wieder aufrichten, was vorzeiten gegründet ward; und du sollst heißen: „Der die Lücken zumauert und die Wege ausbessert, dass man da wohnen könne“.**

Für solche Texte liebe ich die Bibel. Worte, die zu *Herzen* gehen und gerade so *Hand und Fuß* in Bewegung setzen. Worte, die dem Verstand einleuchten und unser Gefühl erreichen. Worte, die Orientierung schenken. Die haben wir *heute* ebenso nötig wie damals, als dieser Text aufgeschrieben wurde: etwa um das Jahr 530 vor Christus.

Eine Zeit zwischen alter Katastrophe und neuem Aufbruch: Tausende von Menschen, die in die babylonische Gefangenschaft verschleppt worden waren, durften nach 50 Jahren den Weg zurück antreten. Aus purer göttlicher Gnade – so deuten es die Gottesmänner. Jetzt also kehren die Verschleppten zurück, oft ja schon die Nachgeborenen, die zweite und dritte Generation, fremd in Babylon, fremd auch hier im gelobten Land Israel. Von eigenen Entbehrungen gezeichnet, finden sie ein verwüstetes Land vor, ausgeplündert von den fremden Herrschern. Aber wie schon der Weg zurück von prophetischen Stimmen begleitet wurde, so tritt auch jetzt ein Prophet auf. *Im Namen ihres Gottes* sagt er den Enttäuschten wie den Hoffnungsvollen, worauf es jetzt ankommt.

Es kommt darauf an, die Lehren aus der Geschichte zu ziehen. Habgier und Raffsucht haben zur Katastrophe geführt: das ist der Hintergrund. Nicht falsche politische Bündnisse waren entscheidend – sondern Hartherzigkeit und Überheblichkeit, sagt der Prophet. Das finstere Leichentuch des Todes haben nicht erst die Besatzer über´s Land gelegt – Eure Finsternis ist hausgemacht, sagt der Prophet. Ihr selbst habt die spürbare Depression im Lande heraufbeschworen.

Deshalb, im Namen Gottes, die klare Ansage: Hör auf mit deinen erbärmlichen Schuldzuweisungen! Nicht irgendjemand – Du selbst musst handeln! Du selbst *kannst* handeln. Soziale Verantwortung fängt bei einem jeden Einzelnen an. Mach die Augen auf, widme Dich denen, die bedürftig sind: dann – dann geht buchstäblich die Sonne auf! Dann wird sich das Klima im Lande bessern! Dann werden kranke Verhältnisse heil. **Brich dem Hungrigen dein Brot, und die im Elend ohne Obdach sind, führe ins Haus! Wenn du einen nackt siehst, so kleide ihn, und entzieh dich nicht deinem Fleisch und Blut! Dann wird dein Licht hervorbrechen wie die Morgenröte, und deine Heilung wird schnell voranschreiten...** Poetische Bilder: ein neuer Tag bricht an, und die Welt wird gesunden. Mehr noch, der Prophet erinnert an den Auszug der Sklaven damals, aus der Knechtschaft in Ägypten: Auch jetzt, hier, heute könnt ihr der Sklaverei des Egosimus entkommen: Nächstenliebe und Weitherzigkeit sind der Weg in die Freiheit. Wie damals, als ein Engel den Weg in die Weite ebnete, heißt es jetzt: **Deine Gerechtigkeit wird vor dir hergehen.** Und wie in der legendären Vergangenheit Gott selbst die Befreiten gegen ihre Verfolger abschirmte, heißt es jetzt: **Die Herrlichkeit des HERRN wird deinen Zug beschließen. ... Und der HERR wird dich immerdar führen und dich sättigen in der Dürre und dein Gebein stärken.** Gott selbst ist mit Dir, wenn Du den Weg in die Freiheit einschlägst. Seine Aura wird zu Deiner Ausstrahlung, Du Gottesvolk.

Es geht nicht darum, Almosen zu verteilen. Es geht auch nicht nur um einen finanziellen Ausgleich sozialer Ungerechtigkeiten. Es geht um ein menschliches Miteinander und Füreinander-Dasein. *Das* soll *erneuert* werden. *Reformation*! Reformation des Menschen und seiner Menschlichkeit! Von innen heraus. **Wenn du in deiner Mitte niemand unterjochst und nicht mit Fingern zeigst und nicht übel redest,**

sondern den Hungrigen dein Herz finden lässt und den Elenden sättigst, dann wird dein Licht in der Finsternis aufgehen, und dein Dunkel wird sein wie der Mittag.

Den Bedürftigen **dein Herz finden** lassen: das ist es! Und das gelingt niemandem bei offensichtlicher *Herzlosigkeit* – da kannst Du lange suchen, da gäbe es nichts zu finden! Auch *Engherzigkeit* ist kein Angebot für den, der dein Herz sucht. Ein *weites* Herz – das lässt sich entdecken. *Herzlichkeit* heißt unsre menschliche Herausforderung. Herzliche Menschen finden zueinander. Solche Menschen braucht das Land, braucht die Welt. Herzmenschen. Wie Oasen in einer dürren Zeit: **Du wirst sein wie ein bewässerter Garten und wie eine Wasserquelle, der es nie an Wasser fehlt.**

Alles nur schöne Theorie? Herzlose Menschen werden wohl lange über den Nutzen der Religion philosophieren und sich wundern, dass ihnen dieser Gott *buchstäblich nichts sagt.* Wer mit dem Gott der Weitherzigkeit unterwegs ist, ist buchstäblich in Rufweite: nur ein Gebet weit von Gott entfernt. **Dann wirst du rufen und der HERR wird dir antworten. Wenn du schreist, wird er sagen: Siehe, hier bin ich.**

Praktische Auswirkung, wenn Herzmenschen zusammenwirken: der Wiederaufbau dessen, **was lange wüst gelegen hat und (...) was vorzeiten gegründet ward.** Und die Verleihung eines Ehrentitels – **du sollst heißen: „Der die Lücken zumauert und die Wege ausbessert, dass man da wohnen könne“.**

(2)

Liebe Gemeinde, es geht dem Propheten, es geht der Bibel, ja es geht *Gott* um ein Land, das für enttäuschte und entwurzelte Menschen zur Heimat wird: **dass man da wohnen könne**. Vielleicht ist es Ihnen ja schon bisher beim Zuhören aufgefallen, wie nahe wir an den Wahlkampfparolen der letzten Wochen sind – jetzt wird es unüberhörbar. Als wäre es ein biblisches Versprechen, titelte die CDU: *„Für ein Deutschland, in dem wir gut und gerne leben.“* Dafür hielt Angela Merkel buchstäblich den Kopf hin. Martin Schulz tat es für die SPD. Mit unterschiedlichen Slogans – aber auf *jedem* der SPD-Plakate stand unten, sozusagen im Kleingedruckten, das Motto für die gesamte Wahlkampagne: *Zeit-für-mehr-Gerechtigkeit* – und das Internet-Kürzel *de* signalisierte sowohl Modernität als den Bezug auf das Land, in das diese Gerechtigkeit einziehen solle. Alles ganz nah an der Bibel.

Man mag fragen, ob es in der Politik nicht ein bisschen bescheidener ginge. Immerhin zeigt die Werbung der beiden größten Parteien doch deutlich, wie sehr sie sich dem biblischen Denken und christlichen Grundwerten verbunden fühlen. Interessant wäre es, auch die Plakate und Kampagnen der anderen Parteien einmal darauf zu untersuchen. Aber wichtiger ist mir jetzt, den Blick auf diejenigen zu lenken, die so gerne *traditionelle Werte* für sich reklamieren. Ein Boot im Abendlicht, schwarze Silhouetten vor einem Sonnenuntergangshimmel, vielleicht ein Dutzend Menschen,

Männer, Frauen, einer scheint zu winken – wir könnten an Jesus denken, der mit seinen Jüngern über den See Genezareth fährt. Oder, natürlich, an so viele Zehntausend Menschen, die bei ihrer gefahrvollen Fahrt über das Mittelmeer um's Leben kamen. Weder – noch: *„In Seenot?"* steht in großen Lettern und in Anführungszeichen über dem Bild, mit einem Fragezeichen dahinter. Und ebenso groß die Antwort: *„Eher die nächste Verbrechenswelle!"* Ausrufezeichen. - Und das soll die *Alternative für Deutschland* sein?? --- Ein anderes Plakat, noch ein Sonnenuntergangs-Szenario, wieder schwarze Silhouetten davor, aber diesmal offensichtlich am Strand, jetzt sind es auch ein paar mehr, das könnte fast erdrückend wirken, und darüber in großen Lettern: *„The Germans?" Will not finance you a better life.* Ja, Sie haben richtig gehört, die *Alternative für Deutschland* ist die einzige Partei mit einem *englischen* Slogan – das dürfte schon verwundern, aber *empören* kann uns die Übersetzung – auf gut deutsch heißt das ja angesichts von Menschen, die Flucht und Vertreibung hinter sich haben: *„Die Deutschen?" Werden Euch kein besseres Leben bezahlen.*

Ich sage nicht, dass andere Parteien durch und durch von christlichen Werten geprägt wären. Aber ich sage in aller Deutlichkeit, dass diese Partei in ihrem ganzen Ansatz das *christliche Abendland* verrät. Nicht nur ich – die christliche Bibel plädiert für Herzlichkeit, für Barmherzigkeit, für Weitherzigkeit unter den Menschen. Nicht nur die evangelische Kirche – Gott selbst ruft die ganze Welt in Seine Mitmenschlichkeit: **Wenn du in deiner Mitte niemand unterjochst und nicht mit Fingern zeigst und nicht übel redest, sondern den Hungrigen dein Herz finden lässt und den Elenden sättigst, dann wird dein Licht in der Finsternis aufgehen, und dein Dunkel wird sein wie der Mittag.**

Diese angebliche *Alternative* sitzt dagegen fest im Finstern. Und würde, wenn sie tatsächlich an die Macht käme, das Licht der Mitmenschlichkeit vollends verdunkeln – wenn nicht total ausschalten. Wen oder was diese Dunkelmänner und -frauen sonst noch alles ausschalten würden: darüber mag ich gar nicht weiter nachdenken.

Aber ich merke, wie leicht nicht nur ich mich in Rage rede, wie ansteckend dieser Virus sein könnte, den gewisse Leute unter's Volk bringen: den Virus des Herabwürdigens und der Verdächtigungen und der Entmenschlichung. Den Virus einer Mischung aus Angst und Hass und Gottlosigkeit. Wir sollten uns nicht davon anstecken lassen. Der beste Virenschutz dagegen – ist die biblische Botschaft. Und die ruft uns auf, *niemanden* in die Feindschaft zu entlassen. Dranbleiben! Mit den Ängstlichen und Hasserfüllten, mit den Wutbürgern und Migrationsverächtern reden, reden, reden! Selber ein gutes Beispiel bieten: für Weitherzigkeit und Friedfertigkeit. Gelungene Beispiele von Integration erzählen. Selber daran mitarbeiten, dass Integration gelingt und unser Deutschland das wird, was viele Plakate versprechen und alle – fast alle – sich wünschen: ein Land für Menschen aus Nah und Fern, **dass man da wohnen könne**.

Gott stärkt den Schwachen und Bedrohten den Rücken. Und uns, wenn wir an ihrer Seite stehen, auch. Es gibt so viele gute Gründe, das zu tun. *Erntedank* ist einer davon. Wir alle haben so viel Gutes ernten dürfen in unserem Leben – sollten wir da nicht dankbar und freigiebig sein? Dankbare Menschen lassen **ihr Herz finden**. Dankbare Menschen haben ein weites Herz für Gott und für ihre Mitmenschen. *Aus welchem Land diese Menschen kommen, ist für ein weites Herz piep-egal.*

Für diese Botschaft liebe ich die Bibel. Und unseren Gott. Und seine Menschen. Im Prinzip – alle.

Amen

Gottesdienst am 17. Sonntag nach Trinitatis

„Idealfall des Glaubens“

Oder: Reformatorische Einsichten helfen auch gegen esoterische Anwandlungen

Predigt über Markus 9, 14-27

8. Oktober 2017 / St.Bartholomäus-Kirche Dornum

(1)

Liebe Gemeinde,

eben noch sehen wir Jesus in einem himmlischen Licht – und schon ringt er wieder ganz menschlich mit dem Elend unsrer Welt. So berichtet Markus in seinem Evangelium von der „Verklärung“ Jesu, als sei´s ein vorweggenommenes Oster-Erlebnis. Seine drei engsten Freunde sind dabei – und müssen doch wieder mit ihm hinabsteigen, buchstäblich vom Berge hinab in die Niederungen des Lebens. Was folgt, ist eine Geschichte von Glaube und Unglaube, von Krankheit und Heilung – wie sie uns Markus überliefert hat in seinem 9. Kapitel:

> **Und sie kamen zu den Jüngern und sahen eine große Menge um sie herum und Schriftgelehrte, die mit ihnen stritten. Und sobald die Menge ihn sah, entsetzten sich alle, liefen herbei und grüßten ihn. Und er fragte sie: Was streitet ihr mit ihnen?**
>
> **Einer aber aus der Menge antwortete: Meister, ich habe meinen Sohn hergebracht zu dir, der hat einen sprachlosen Geist. Und wo er ihn erwischt, reißt er ihn zu Boden; und er hat Schaum vor dem Mund und knirscht mit den Zähnen und wird starr. Und ich habe mit deinen Jüngern geredet, dass sie ihn austreiben sollen, und sie konnten's nicht.**
>
> **Er antwortete ihnen aber und sprach: O du ungläubiges Geschlecht, wie lange soll ich bei euch sein? Wie lange soll ich euch ertragen? Bringt ihn her zu mir!**
>
> **Und sie brachten ihn zu ihm. Und sogleich, als ihn der Geist sah, riss er ihn hin und her. Und er fiel auf die Erde, wälzte sich und hatte Schaum vor dem Mund.**
>
> **Und Jesus fragte seinen Vater: Wie lange ist's, dass ihm das widerfährt? Er sprach: Von Kind auf. Und oft hat er ihn ins Feuer und ins Wasser geworfen, dass er ihn umbrächte. Wenn du aber etwas kannst, so erbarme**

dich unser und hilf uns!

Jesus aber sprach zu ihm: Du sagst: Wenn du kannst! Alle Dinge sind möglich dem, der da glaubt. Sogleich schrie der Vater des Kindes: Ich glaube; hilf meinem Unglauben!

Als nun Jesus sah, dass die Menge zusammenlief, bedrohte er den unreinen Geist und sprach zu ihm: Du sprachloser und tauber Geist, ich gebiete dir: Fahre von ihm aus und fahre nicht mehr in ihn hinein! Da schrie er und riss ihn heftig hin und her und fuhr aus. Und er lag da wie tot, sodass alle sagten: Er ist tot.

Jesus aber ergriff seine Hand und richtete ihn auf, und er stand auf.

Eine Geschichte von Glaube und Unglaube, von Krankheit und Heilung. Ein großes Thema – vor allem ein aktuelles! Spiritualität und Heilung: davon quellen unsre Buchhandlungen über! *„Denken Sie sich gesund. Sieben Schritte neuen Denkens, die Ihre Vitalität steigern“*, heißt es da, und der Aufruf auf dem Klappentext ist eindeutig: *„Weg mit den kranken Gedanken! Nur ein gesunder Geist und eine heile Seele können sich einen gesunden Körper als Behausung schaffen. Das lehrt die ganzheitliche Medizin ...“* Wer die Gesundheit schaffen soll, ist also ganz klar: Du selbst bist gefordert, Du selbst *kannst* das, Du musst nur richtig *wollen* und die richtigen spirituellen Mittel einsetzen! Dafür stehen Dir geistige Bündnispartner aller Art zur Verfügung: *Heilung aus dem Kosmos“*, heißt ein aktuelles Buch, Untertitel: *Die eigenen schöpferischen und heilenden Kräfte wecken.* Oder, etwas kleiner: *Karten der Heilung* – immerhin *das große Set* mit *Orakel- und Transformationskarten – stellt einen Durchbruch dar für die praktische Selbsterkenntnis und selbstgeführte Heilung,* sagt die Werbung. Du könntest aber auch *Jokerkarten für die Bestellungen beim Universum* erwerben, Zitat: *Dabei geht es vor allem darum, die eigene Grundschwingung, Intuition und Bewusstheit zu steigern und sich so in optimale Resonanz zum Universum zu versetzen.* Und wusstest Du schon: *Wir sind alle Engel.* Mit diesem Selbstbewusstsein findest Du *Wege zur Heilung unserer Vergangenheit, Gegenwart und Zukunft.* Was denn auch sonst! Vielleicht informierst Du Dich aber noch weiter in der *Hausapotheke der geistigen Heilweisen*, Untertitel: *Energieheilung ganz alltagspraktisch*. Oder doch lieber gleich die *Quanten-Intelligenz* wählen? *Wir bergen in uns eine Quelle der Weisheit,* verspricht die Werbung, nämlich *die Quanten-Intelligenz von Körper, Geist und Seele, aus der wir schöpfen können, sobald wir den Zugang zu ihr kennen. ... Jeden Augenblick haben wir die Macht, Wohlbefinden zu schaffen und damit den nächsten Moment unseres Daseins angenehm zu formen.*

Auf den Punkt gebracht: Du selbst bist Deines Glückes Schmied. Du selbst hast Dein Glück in der Hand. Du selbst entscheidest über Deine Gesundheit – und über Deine Krankheit auch. Will sagen: Du bist selber schuld, wenn Du kranke Gedanken denkst und in kranken Beziehungen lebst und krank wirst.

Ich weiß natürlich auch: Es ist politisch nicht korrekt, das auch nur zu kritisieren. Soll doch jeder denken und glauben, was er will. Aber dieser Wahn zur Selbstoptimierung, diese wahnwitzige Selbstüberschätzung, diese ungeheure Selbstvergötzung – das alles tut den Menschen doch nicht gut! Da *muss* man doch erst krank werden! Was für ein Ausnutzen tiefster menschlicher Ängste und Sehnsüchte! Was für eine Geldschneiderei im Buchhandel und auf den Esoterik-Messen! Bei alledem ist *Scientology* nicht fern – aber werden Verdummung *und* Menschenverachtung erst dann eindeutig, wenn eine solche Psychosekte auf Seelenfang geht? Wie kann es denn bloß sein, dass eine derartige Verblödung so flächendeckend um sich greift? Und da wundern wir uns über 12,6 % AfD-Wähler?

Trösten wir uns, das Phänomen ist ja nicht neu! 1494 schreibt Sebastian Brant in seinem berühmten „Narrenschiff": *„Des Aberglaub ist jetzt so viel, damit man Gesundheit suchen will."* Mag sein, dass erstaunlich viele Menschen eben doch noch auf dem Stand von 1494 sind...

(2)

Aber schimpfen allein genügt nicht. Natürlich nicht! Ganz offensichtlich ist die *Sehnsucht* vieler Menschen groß – die Sehnsucht nach einer Heilung, die aus anderen Quellen kommen müsste, als die Schulmedizin sie lehrt. Wenn es doch stimmt, dass Körper und Seele auf's engste zusammengehören – und daran zweifelt ja niemand mehr –, müsste dann der Zugang zur seelischen, zur geistigen oder transzendentalen Welt nicht tatsächlich Heilung versprechen?

Die Frage nehme ich sehr ernst. Natürlich stimmt es mich traurig, wenn Menschen, die so fragen, eher eine Esoterik-Messe besuchen, als den christlichen Gottesdienst. Da wird dann schnell mal gesagt, die Kirchen hätten eben versagt, wenn es um ganzheitliche Angebote für Leib und Seele geht. Klar, verbessern können wir alles. Aber wahrscheinlich haben Esoterik-Anhänger die richtige Ahnung, dass es in der Kirche eben *nicht* um Selbstoptimierung geht, gerade in der *evangelischen* Kirche nicht, dass es mit unseren Werken nicht weit her ist, dass ein Christenmensch eben *nicht* seines Glückes Schmied ist, dass keiner von uns der *Schöpfer* seiner eigenen Kraft und Gesundheit ist. *„Mein Schöpfer, steh mir bei"*[12]: da besingen wir doch nicht uns selbst! Der Heiland für Deine Heilung bist niemals Du selbst – *„der Heil und Leben mit sich bringt"*[13] ist Jesus allein.

Genau so steht es in der Bibel – aber um *die* zu hören und zu bedenken, sollte man eben doch hin und wieder den Gottesdienst besuchen, das schützt vor manchen Irrungen und Wirrungen!

In unserer Erzählung fällt mir dreierlei auf. <u>Das Erste:</u>

12 EG 565 – traditionell das typische Konfirmationslied

13 EG 1 „Macht hoch, die Tür, die Tor macht weit" (aus der 1. Strophe)

Der Junge leidet offenbar unter einer Form von Epilepsie. Dass dafür ein böser Geist verantwortlich gemacht wird, muss uns nicht besonders irritieren – in der Antike konnte man sich derartige Krankheiten nur so erklären, dass eine fremde Macht Gewalt ergreift, ein buchstäblicher Quälgeist, der den geplagten Menschen tyrannisiert und ihn in die Verzweiflung treibt – weg von seinen gesunden Mitmenschen, weg von Gott. So einen Menschen zu heilen, würde also auf jeden Fall bedeuten: ihn wieder ganz neu in Beziehung zu setzen – *mit* seinen Mitmenschen, *mit* Gott.

Der Vater, der sein Kind zu Jesus bringen will, hat offenbar von dessen besonderen Möglichkeiten gehört – ob das schon so etwas wie ein Vertrauensvorschuss ist oder nur der Griff nach dem letzten Strohhalm: das erfahren wir nicht. Nun ist aber Jesus erst einmal gar nicht da – also bittet der verzweifelte Vater seine Jünger. Und die Jünger können´s nicht. Sie können die Krankheit nicht besiegen. Ob Jesus sich über dieses Unvermögen ärgert? **O du ungläubiges Geschlecht, wie lange soll ich bei euch sein? Wie lange soll ich euch ertragen?** Oder – so wirkt das ja – nervt ihn einfach die ganze Situation mit den Schriftgelehrten, die ja offenbar mit den Jüngern diskutieren und sich ablehnend und feindselig äußern? Traditionell wird den *Jüngern* Kleinglauben unterstellt und über ihr mangelndes Gottvertrauen genörgelt. Aber ich finde es ganz entlastend, dass die Jünger *keinen* Heilerfolg zustandebringen. Selbst diejenigen, die Seite an Seite mit dem Herrn über diese Erde geschritten sind, können´s *nicht*! Ganz klar: Eigentlich wollte der Mann ja auch *zu Jesus selbst*, seine Jünger sind lediglich so etwas wie Platzhalter an seiner statt. Darum sollten *wir Heutigen* uns nicht einbilden, *wir* könnten – wir *müssten*! – auf geistige Weise Menschen heilen. Weder andere – noch uns selbst. Das ist das Erste, was ich hier aus der Bibel lerne.

<u>Und das Zweite:</u> Jesus kann´s. Er sieht mit eigenen Augen, wie fürchterlich die Epilepsie dem armen Kind zusetzt. Vor allem widmet er sich ausführlich dem Vater – so ausführlich wird das in den Evangelien sonst nie beschrieben –, Jesus lässt sich von ihm die Krankheitsgeschichte erzählen, er hört von der Verzweiflung und teilt die Not. So nimmt er *durch seine Zuwendung* Vater und Sohn in eine neue Gottesbeziehung hinein. Und hat tatsächlich die psychosomatische Kraft – so würden wir´s heute wohl sagen –, den Jungen gesund werden zu lassen. Er spricht natürlich hinein in die Vorstellungswelt dieser Zeit. Er spricht den sprachlosen und tauben Geist an – und siehe da, selbst eine solche stumm und taub machende *Besessenheit* kann sich Seinem Wort nicht widersetzen.

Wenn du etwas kannst, hatte der Vater in seiner Verzweiflung geklagt, **so erbarme dich unser und hilf uns!** Und Jesus *kann.* **Alle Dinge sind möglich dem, der da glaubt.** Der *so* glaubt, wie Jesus. Aber wer kann das schon? Seine Jünger konnten´s nicht. Glauben, wie Jesus ihn lebt, heißt ja offenbar: total bei Gott sein, mit Haut und Haaren, mit Herz und Verstand. Glauben, wie Jesus ihn lebt, heißt: vollkommen in Gott ruhen, durch und durch von Gott bewegt sein, Gottes Liebe atmen, Gottes Hoffnung spenden. Glauben, wie Jesus ihn lebt, heißt: *selbst wie Gott sein.* Im Idealfall.

Jesus *ist* der Idealfall. *Wir* sind es nicht. **Alle Dinge sind möglich dem, der da glaubt.** *Ihm* sind alle Dinge möglich. Uns *nicht*.

In einer neuen Übersetzung heißt das noch eindeutiger: **Wer glaubt, kann alles.** Aber ja: im Idealfall! Der Idealfall des Glaubens ist Jesus allein. *Solus Christus* – wie es die Reformatoren gelehrt haben. Jede andere Deutung wäre unmenschlich, überheblich, hirnrissig, blasphemisch. *Hier ist der Mann, der helfen kann, bei dem nie was verdorben... Sucht ihn allein, denn wohl wird sein / dem, der ihn herzlich ehret.*[14] Das ist das Zweite.

Und das Dritte: Die Reaktion des verzweifelten Vaters gibt Jesus Recht: **Ich glaube; hilf meinem Unglauben.** Anders könnte kein Mensch auf die Herausforderung zum Glauben antworten. Keiner – wenn er nicht von vornherein *unglaubwürdig* sein will, oder eben überheblich und blasphemisch. **Ich glaube; hilf meinem Unglauben.** Das ist ehrlich: sein Vertrauen *so gut es irgend geht* auf Gott setzen, sein Vertrauen *in Jesus hinein-legen* – und gleichzeitig um das eigene Unvermögen wissen und sich nullkommanull auf den eigenen Glauben einbilden. Nicht mein Glaube macht irgendetwas heil, nicht mein bisschen Glaube bewegt Gott zu irgendeiner Hilfe – wenn ich dabei auch nur ein klitzekleines Bisschen auf mich selber bauen müsste, wäre ich verloren! Sondern Gott setzt sein Vertrauen in mich, Gott glaubt gegen alle meine Unfähigkeit an mich, wenn mein Glaube echtes Gottvertrauen ist, dann hat *Gottes* Vertrauens-bildende Maßnahme mich erreicht. Kein Grund, mir irgendetwas auf mich selbst einzubilden – aber 1000 Gründe, Gott von Herzen dankbar zu sein. **Ich glaube; hilf meinem Unglauben.** Oder, wie es wieder unsre Reformatoren mit unübertrefflicher Präzision gesagt haben: Der Mensch bleibt immer *simul iustus et peccator* – heißt: zugleich Gerechter *und* Sünder. Wenn ich auf Christus blicke: auf das Feuer des Glaubens, das er in mir angezündet hat: dann bin ich von Glauben erfüllt. Wenn ich von ihm absehe und mich allein in den Blick nehme: dann entdecke ich bestenfalls die Asche dieses Feuers, dann bin ich immer nur ein armseliger Sünder.

Darum hat dieser Vater in der Heilungs-Geschichte nicht etwa *schwach* geantwortet, als er es herausgeschrien hat – sondern *vorbildlich*: **Ich glaube; hilf meinem Unglauben.**

(3)

Was also nehmen wir mit aus unsrer Begegnung mit Jesus und seinen Jüngern, den streitenden Schriftgelehrten, dem epileptischen Jungen und seinem herzzerreißend glaubenden Vater?

1. Gesundes Gottvertrauen beugt jeder Verwechslungsgefahr vor. Gott ist Gott, und Mensch bleibt Mensch. Keiner *sollte sich* mit dem Herrn Jesus verwech-

14 EG 346 Such, wer da will ein ander Ziel... (Strophe 2 und 3). Das Lied wurde unmittelbar vor der Predigt gesungen.

seln. Der ist und bleibt der Idealfall des Glaubens – einzigartig. Das schützt uns vor Überheblichkeit und vor Selbstüberschätzung.

2. Keiner *braucht sich* mit dem Herrn Jesus zu verwechseln. Du musst nicht *heilen* wie er – nicht Dich selbst, und niemand sonst. Aber Du kannst ihm *ruhig vertrauen*: Er hat Dein Heil auf dem Herzen. Deines – und das der ganzen weiten Welt.

3. Jesus hat schon damals *nicht alle* epileptischen Knaben in Palästina geheilt. Und auch heute wird das Elend der Menschen nur durch ganz konkrete Zuwendung überwunden. Gottes Reich wächst langsam. In Seinem Sinne – in Seinem Geist wird uns viel gelingen. Das Außergewöhnliche hat er sich selbst vorbehalten. Am Ende müssen nicht wir die Welt erlösen. Er wird's tun.

Das nehmen wir mit – dankbar und voller Hoffnung. Ach ja – und

4. und letztens und augenzwinkernd:
Reformatorische Einsichten helfen ganz wunderbar gegen esoterische Anwandlungen.
Das hält uns gesund. Gott sei Dank.

Amen.

Gottesdienst am „Männersonntag“

„... ganz gleich, was du auch ausgefressen hast.“

Von der Gnade, Gnade zu erfahren.

Predigt zum Jahres-Motto der Männerarbeit, mit Ausblick auf 1. Korinther 15, 10

15. Oktober 2017 / Ludgerikirche Norden

Unmittelbar vor der Predigt wird das Lied *„Zeugnistag“* (1978) von Reinhard Mey eingespielt.

(1)

Liebe Männer, lieber Frauen –

als ich dieses Lied zum ersten Mal gehört habe, hat es mich richtig gepackt – jaja, auch Männer haben Gefühle! Das ist ja auch eine anrührende Geschichte, wohl dem, der solche Eltern hat! Ich fürchte, viele von uns hatten dieses Glück *nicht.* Da hätte es eher *die* Reaktion gegeben, die der wutschnaubende Rektor erwartete: mindestens eine Standpauke, als Ausdruck tiefster Enttäuschung, vielleicht sogar eine spontane Ohrfeige, auf alle Fälle eine unvergessliche Blamage für den jungen Übeltäter, der ja tatsächlich etwas Unerhörtes gewagt hatte: die Unterschrift der eigenen Eltern zu fälschen! Noch dazu, um sein vorangegangenes Totalversagen zu verheimlichen. *Ein* Totalversagen zieht das nächste nach sich. Was soll aus so einem noch werden?

Dass aus dem Jungen dann wirklich noch etwas geworden ist – dass er sich *„widerspruchslos“* durch die Schulzeit gequält hat, ohne sich total zu verweigern, ohne weiter auf die schiefe Bahn zu geraten: das dürfte nicht zuletzt an diesem Ereignis liegen. Die „Namen, Tabellen, Theorien“, von denen er jetzt als Erwachsener singt – die hat er längst vergessen. Aber diese *eine* „Lektion“: die hat er für sein Leben gelernt:

> *„Wie gut es tut, zu wissen, dass dir jemand Zuflucht gibt,*
> *ganz gleich, was du auch ausgefressen hast!“*

„Ich weiß nicht, ob es Rechtens war...“ singt der Chansonnier weiter. Natürlich war es das *nicht.* Da haben die Eltern buchstäblich *Gnade vor Recht* ergehen lassen. Gnade... Ja, für mich ist die Erfahrung, die Reinhard Mey hier besingt, die Erfahrung völlig unverdienter Gnade.

Obwohl: Gnade ist *immer* unverdient. Ein Geschenk, weit über das hinaus, was man sich selbst irgendwie erarbeitet hätte. Ein Geschenk von Vergebung und Schwammdrüber und Trotz-allem-aushalten-können und Ich-steh-zu-dir. Punkt. Wenn Dein totales Versagen so vor Augen liegt, wie dieses miserable Zeugnis – und Du dann noch nicht einmal dazu stehen kannst, geschweige denn so viel Vertrauen zu deinen Eltern hast, dass sie Dir den Kopf schon nicht abreißen werden – und Du dann sogar noch einen draufsetzt und die Unterschriften fälschst – und es dann immer noch nicht zugeben kannst: dann bleibt nur noch Gnade, um Dich da wieder rauszupauken.

Normal ist das nicht. Keine normale Gerechtigkeit. In unserem Männerkreis haben wir ziemlich heiß diskutiert, ob das Verhalten der Eltern denn überhaupt in Ordnung geht. Lernt der Junge denn nicht, dass er auch mit der größten Frechheit immer noch durchkommt, weil ihm die Eltern die Hand vor den Allerwertesten halten? Untergräbt das nicht die Autorität der Schule – ja, sogar noch die Autorität der Eltern? Kann es denn sein, dass so ein Fehlverhalten ganz ohne Konsequenzen bleibt?

Naja, meinte Einer, vielleicht gab es ja zu Hause noch eine Standpauke. Oder sogar noch Schlimmeres. Muss Strafe nicht doch irgendwie sein?

Aber Hand auf's Herz: Ist der arme Kerl in dieser bodenlosen Situation denn nicht schon genug bestraft? Könnte die Peinlichkeit, die sich da auf seine Seele legt, denn überhaupt noch größer sein – die Beschämung über das eigene Verhalten? - Ich denke, die Eltern haben das gespürt, so gut kannten sie ihren Sohn. Mag auch sein, dass es später noch Vorhaltungen gab, vielleicht sogar ein klares Schuldeingeständnis: *Ich weiß ja, dass ich Bockmist gebaut hab'. Es tut mir leid. Es tut mir total leid...* Aber davon singt Reinhard Mey *nicht.* Was sich ihm zutiefst eingeprägt hat: das ist die positive Erfahrung, eindeutig und ohne Wenn und Aber: Meine Eltern stehen zu mir.

Ist das *Gnade?* Oder eher *Liebe,* wie jemand aus unserem Team meinte?

Es ist das, was wir wirklich *jedem Kind auf dieser Erde* nur wünschen können, so wie Reinhard Mey es am Ende ja auch ausdrückt – jedem Kind, *und jedem Erwachsenen auch*:

> *„Wie gut es tut, zu wissen, dass dir jemand Zuflucht gibt,*
> *ganz gleich, was du auch ausgefressen hast!"*

(2)

Reinhard Mey verwendet das Wort „Gnade" nicht. Vielleicht, weil das irgendwie schon immer gleich mit *Gott* zu tun hat, wie einer unsrer Männer vermutete. Das ist so hoch gegriffen. Aber wenn Einer etwas so Außergewöhnliches, etwas so Einprägsames erlebt hat – ist es dann nicht *dieses* Wort *wert*?

Gnade vor Recht ergehen lassen – da schwingt immer etwas von *Barmherzigkeit* mit. Auch so ein altertümliches Wort, auch eines, das sofort nach Gott *riecht,* ein Wort, das manche aus der jüngeren Generation vielleicht noch nie gehört haben. !Aber was passiert denn in unsrer Gesellschaft, wenn immer mehr Menschen wirklich noch nie etwas von *Barmherzigkeit* gehört haben, wenn ihnen *Gnade* völlig fremd ist – wenn sie in ihrem Leben niemals *irgendetwas* erlebt haben, was sie *damit* verbinden könnten?! Gewöhnt man sich nicht viel leichter an die *gnaden-losen* Zustände – in der Wirtschaft, bei der Globalisierung, auch im eigenen Stadtviertel vielleicht, und erst recht in den Slums der Einen Welt – gewöhnt man sich nicht viel leichter an die gnaden-lose Unmenschlichkeit, wenn man von *Gnade* keine Ahnung hat?

Vorletztes Wochenende stand eine Kleinanzeige unter „Verschiedenes" im KURIER: „Ich danke Gott und dem Opelfahrer, der am Mittwoch, 27. September, gegen 18.00 Uhr auf der B 72 zwischen Georgsheil und Marienhafe mein falsches Überholen durch eine Totalbremsung ausgeglichen und mir das Leben gerettet hat." Letztes Wochenende gab es so etwas wie die Antwort – da stand etwa an gleicher Stelle wieder eine Anzeige im KURIER: „Noch mal Schwein gehabt! Der Opelfahrer."

Kann man so sehen: „Schwein gehabt". Aber nichts sonst? Ist unser Leben nur das Ergebnis von Glück oder Unglück? Haben wir es nicht als Geschenk von Gott empfangen? Hat uns Seine Gnade nicht manches Mal vor Schlimmerem bewahrt – unseren *völlig bescheuerten* Überholmanövern zum Trotz? Wirklich *unverdient*?

Irgendwie neigen wir Menschen zur Vergesslichkeit. Es ist gar nicht so einfach, solche Erlebnisse für das eigene Leben festzuhalten. Das haben wir bei unsrer Vorbereitung gemerkt. Umso beeindruckender finde ich *Eure Geschichten*, ganz persönliche Gnaden-Erlebnisse, die Ihr uns erzählt habt. Wenn das nicht nur Glück im Unglück war, wenn Du Dein Leben noch einmal ganz neu wie ein Geschenk bekommst: *dann ist das Gnade.*

(3)

Gnade riecht nach Gott. Paulus ist der historische Kronzeuge dafür. **Durch Gottes Gnade bin ich, was ich bin.** Sagt er, und hat es selber aufgeschrieben in seinem 1. Brief an die Gemeinde in Korinth, Kapitel 15 Vers 10. **Durch Gottes Gnade bin ich, was ich bin.** Nach allem, was wir wissen, stimmt das, auch bei nüchterner Betrachtung. Ein ganz bestimmtes Erlebnis hat seine Biographie komplett umgekrempelt: ein Gnaden-Erlebnis, wie er selber von Anfang an meint und wie es auch andere von außen eingeschätzt haben. Die *zentrale Weichenstellung* in seinem Lebenslauf!

Dass er einmal *der entscheidende Mann für die Verbreitung des christlichen Glaubens hinüber nach Europa* sein würde – das war ihm nicht in die Wiege gelegt. Paulus war ein angesehener jüdischer Gelehrter, engagiert für seinen jüdischen Glauben, so sehr, dass er die Sekte der *Christianoi,* der sogenannten Christen, ausrotten wollte. Nicht nur in Jerusalem, wo man bis hin zur Todesstrafe gegen die Jesus-Anhänger vorging – er machte sich auf den Weg nach Damaskus, um die Sektierer auch dort aufzuspüren und einzukerkern. Unmittelbar vor den Toren der Stadt fällt er buchstäblich von seinem hohen Ross, stürzt zu Boden, von einem Licht geblendet hört er die

Stimme Christi, wie es heißt. Nach drei Tagen der Blindheit erlebt er seine persönliche Auferstehung: Im Hause eines der ersten Christen von Damaskus kommt er zur Besinnung. Und vollzieht die totale Kehrtwende in seinem Leben: Paulus lässt sich taufen. *Im Namen des Vaters und des Sohnes und des Heiligen Geistes.* Er, der Christenverfolger, ja der *Christus-Verfolger* – er erlebt diesen Neuanfang als ein einziges Gottesgeschenk. Er weiß: *Gott hat Gnade vor Recht ergehen lassen.* Wenn dieser Jesus doch tatsächlich der Messias, der himmlische Beauftragte, ja der Gottessohn *ist:* dann hat er selbst, Paulus, sein Leben verwirkt. Hätte er dann nicht tausendmal den Tod verdient, oder noch drastischer: das ewige Schmoren in der Hölle?! Aber Gott nimmt ihn an. Jesus Christus selbst, der ihm erschienen ist, verzeiht ihm. Alles. Mehr noch: Er gibt ihm, *ausgerechnet ihm* den Auftrag zur Weltmission! Das ist pure Gnade: Die Vergebung. Die Beauftragung. Dann auch die Begleitung auf schwierigsten Wegen zu Wasser und zu Lande. Das Geschenk unendlichen Gottvertrauens – Paulus wird es nie verlieren. Das Geschenk grenzenloser Hoffnung – sie trägt Paulus bis ans Ende der Welt. Die Kraft, diese wahnwitzige Aufgabe zu schultern – gegen alle Anfeindungen, Todesdrohungen, Mordversuche. **Durch Gottes Gnade bin ich, was ich bin.**

Paulus ist *der* Kronzeuge dafür. Gnade bestimmt sein Leben. Und seine Botschaft. Was *er* erfahren hat, das sollen *alle* erfahren. So wird Paulus, der begnadigte *Sünder,* zum begnadeten *Verkünder.* In Syrien, in Anatolien, in Griechenland, sogar in Rom: überall predigt er Gnade. Und wenn er gerade am anderen Ende des Mittelmeers ist, schreibt er in seinen Briefen davon. Hört Ihr´s: *Der* Gott, der sein Wesen durch Jesus Christus offenlegt – dieser Gott handelt aus purer Barmherzigkeit. Du kannst ihn verfolgen, Du kannst ihn eigenhändig ans Kreuz nageln – seine Liebe zu uns Menschen erträgt selbst das. Und vergibt. Und inspiriert uns alle mit einem neuen Geist: dem Geist der Vergebung, der Nächstenliebe, der Weitherzigkeit. Das bedeutet Hoffnung für die ganze gnaden-lose Welt!

Martin Luther ist sein bedeutendster Schüler. „500 Jahre Reformation" feiern wir allein deshalb, weil Martin Luther *Paulus* verstanden hat. Luther suchte damals verzweifelt nach Gottes Anerkennung, rutschte auf Knien durch kalte Kirchen, quälte sich Tag und Nacht mit Gewissensbissen, hielt sich selbst für völlig unwürdig und restlos verloren. In dieser Verzweiflung macht er eine unglaubliche Entdeckung. Er entdeckt Gottes Gnade. Bei Paulus. Im Rückblick schreibt er: *Voller Unruhe, in meinem Inneren wild und verwirrt, klopfte ich rücksichtslos bei Paulus ... an. Ich dürstete glühend danach zu wissen, was Paulus wolle. Da hatte Gott mit mir Erbarmen. ... Ich fing an, die Gerechtigkeit Gottes als eine solche zu verstehen, durch welche der Gerechte <u>durch Gottes Gabe</u> lebt...* Also nicht aus eigener Kraft. Sondern aus purer Gnade. *Da fühlte ich mich wie ganz und gar neu geboren, und durch offene Tore trat ich in das Paradies selbst ein. Da zeigte mir die ganze Bibel ein völlig anderes Gesicht. ...So ist für mich diese Stelle des Paulus in der Tat die Pforte in das Paradies* *gewesen.*[15] **Durch Gottes Gnade bin ich, was ich bin.** Das gilt für Martin Luther wie für sein großes Vorbild Paulus.

(4)

Die allermeisten Menschen werden allerdings nicht vom Pferd fallen, die Stimme Christi hören, ihr Leben total umkrempeln und dann von Gottes Gnade erzählen. Für die meisten wird wohl auch nicht das Studium der paulinischen Briefe zur entscheidenden Gnaden-Erfahrung. Obwohl es solche umkrempelnden Erlebnisse auch heute noch gibt. Der Hamburger Erich Esch ist ein erstaunliches Beispiel dafür. Seit Jahren schon kümmert er sich um Alkoholiker und Obdachlose, vermittelt Wohnungen und Therapien, schenkt Kaffee oder Suppe aus, tröstet Verbitterte. Er – hat Jesus gefunden. Oder, wie er selber sagt, Jesus hat ihn gefunden. Eine totale Kehrtwende, wie bei Paulus: Früher trank er selber, lebte auf der Straße. Vor zwanzig Jahren prügelte er sich mit einem anderen Tippelbruder. Er schlug so kräftig zu, dass der andere an den Schlägen starb. Körperverletzung mit Todesfolge. Sechs Jahre hat er im Gefängnis gesessen, hat gebüßt und gesühnt. Dann kam er zum Glauben. Er hörte die Worte Jesu: „Dir sind deine Sünden vergeben!" Er bezog das auf sich. Und fing ein neues Leben an. Jetzt nennen sie ihn den „Jesus von St. Pauli". Er würde wohl eher von Gnade sprechen. Das Geschenk eines neuen, sinnvollen Lebens.[16]

Oft sind es extreme Situationen, die einen Menschen an Gottes Gnade glauben lassen. Ein alter Wehrmachtssoldat kann seine Erfahrungen in der russischen Kriegsgefangenschaft am Ende *nur so* zusammenfassen. *Ich arbeitete bei einem Bauern, dessen beide Söhne von den Deutschen erschossen worden waren. Trotzdem ließ mich dieser Mann nachts mit seiner Familie auf dem warmen russischen Ofen schlafen. Sie ertrugen es sogar, dass ich sie in der Enge manchmal berührte. Das war für mich – Gnade.*[17]

Gnaden-Erlebnisse? Immer erst im Nachhinein so zu verstehen. Gnade ist ja gerade das Un-plan-bare. Das Nicht-vorhersehbare. Darum scheint sie nicht in unsere Zeit zu passen. Darum haben wir aber auch nichts so nötig, wie das: Gnade. Unplanbar. Unvorhersehbar. Aber höchst erstaunlich. Und immer göttlich. Ob bei Reinhard Mey, beim Jesus von St.Pauli, bei dem Kriegsgefangenen in Russland – oder bei Paulus, bei Martin Luther: Gnade empfindest Du erst im Nachhinein. *Es ist eine Gnade, Gnade zu erfahren.* Und es ist eine Gnade, Gnade als Gnade zu begreifen. *Davor* liegt das, was Du Dir nicht gewünscht hast. *Danach* kommt tiefe Dankbarkeit.

---

15 Martin Luther 1545, zitiert nach: Martin H. Jung (Hrsg.), Luther lesen. Die zentralen Texte, Göttingen 2016, S. 19f

16 Nach Helge Adolphsen, Ganz alltäglich: Gott! Minutengeschichten für Suchende, Stuttgart 2005, S. 53

17 Nach Dorothee Sölle, Die heilsame Rede, zitiert in: Werkheft zum Männersonntag 2017, S. 30

Womit hab' ich das verdient? Ein schwerkranker alter Mann hat mir einmal gesagt: *Es ist eine Gnade, wie ich trotz allem noch leben kann.* In diesem Bewusstsein blieb er ein dankbarer Mensch, bis er *gnädig* die Augen schließen konnte.

> Im Leben, im Sterben, noch in der Ewigkeit:
> **Durch Gottes Gnade bin ich, was ich bin.**

Oder wie es Reinhard Mey besungen hat:

> *„Wie gut es tut, zu wissen, dass dir jemand Zuflucht gibt,*
> *ganz gleich, was du auch ausgefressen hast!"*

Amen

Fest-Gottesdienst am 500. Jahrestag der Reformation

„Um's Ganze."

Der wahre Schatz der Kirche und die Herausforderung zur Reformation.

Festansprache über These 62 der 95 Thesen Martin Luthers

31. Oktober 2017 / Ludgerikirche Norden

(1)

Aus Liebe zur Wahrheit – so beginnt Martin Luther die Veröffentlichung seiner 95 Thesen vor genau 500 Jahren. *Aus Liebe zur Wahrheit und im Verlangen, sie zu erhellen, sollen die folgenden Thesen in Wittenberg disputiert werden unter dem Vorsitz des ehrwürdigen Pater Martin Luther, Magister der freien Künste und der heiligen Theologie, dort auch ordentlicher Professor der Theologie. Daher bittet er jene, die nicht anwesend sein können, um mit uns mündlich zu debattieren, dies in Abwesenheit schriftlich zu tun. Im Namen unseres Herrn Jesus Christus. Amen.*[18]

Liebe Festgemeinde, was dann folgt, sollte ein ganzes System menschenverachtender Kirchlichkeit und kirchenpolitischer Macht zum Einsturz bringen. Ein Ereignis von europäischer Bedeutung und globalen Auswirkungen – bis zum heutigen Tage!

Neueste Forschungen legen es wieder nahe, dass der Augustinereremit und Universitätsgelehrte Martin Luther seine Thesen tatsächlich – wie damals allgemein üblich – durch Anschlag an die Türen der Schlosskirche zu Wittenberg veröffentlichte.[19] Sicher ist, dass Luther selbst sie mit einem Begleitbrief an *den* Kirchenfürsten sandte, der für den Ablasshandel zuständig war: Erzbischof Albrecht von Brandenburg. Ein Vertrauensvorschuss für die kirchliche Obrigkeit? Ein Angebot zur kritischen Debatte? Eine Provokation, um die skandalöse Ablass-Praxis zu stoppen? Jedenfalls ein Treppenwitz der Geschichte, dass ausgerechnet *dieser* Erzbischof zu Luthers Popularität beitrug, indem er ihn zum Schweigen bringen wollte: Denn ganz offiziell ließ Albrecht Luthers Rechtgläubigkeit durch die Universität Mainz überprüfen und leitete einen Ketzerprozess in Rom gegen ihn ein. Wer ihn bis dahin nicht gekannt hatte, wurde so auf ihn aufmerksam.

18 Dieser Text als Zitat aus den 95 Thesen verdankt sich der neuen Übersetzung der lateinischen Lutherschrift „Disputation zur Klärung der Kraft der Ablässe" (kurz: „95 Thesen") von Johannnes Schilling und Günther Wartenberg unter Mitarbeit von Michael Beyer, Band 2: Christusglaube und Rechtfertigung, hrsg. von Johannes Schilling, Leipzig 2006, S. 1-15 - veröffentlicht im Internet unter www.ekd.de/95thesen

19 Als Gewährsmann für diese wie die weitere historische Darstellung: Thomas Kaufmann, Erlöste und Verdammte. Eine Geschichte der Reformation, München 2016 / 3. Aufl. 2017, hier: S. 112

Inhaltlich ging es von Anfang an um's Ganze. Indem Martin Luther das *Ablasswesen kritisierte*, stellte er das komplette katholische Glaubenssystem in Frage, samt traditioneller Überlieferungen und volkstümlicher Bräuche, kirchlicher Hierarchie und Papsttum. Was uns als Protestanten heute besonders *skurril* anmutet, war damals das verbreitete Leitbild und die gängige Praxis: Die Papst-Kirche behauptete, sie sei die allein seligmachende Heilsanstalt. Pfarrer, Bischöfe und Papst *verwalteten* die Erlösung der Menschen – oder meinten, sie verhindern zu können. Der Grundgedanke hatte viel mit *frühkapitalistischer Wirtschaft* zu tun: Jesus, Maria und die angebeteten Heiligen hätten durch ihre guten Werke *einen Schatz angehäuft* – aus dem könne die Kirche schöpfen, um den sündigen Menschen ihre Schuld zu erlassen. Dem Herrschergott konnten also stellvertretend für das eigene Unvermögen *Ersatzleistungen* ausgezahlt werden: unter Rückgriff auf das moralische *Vermögen* der Heiligen. Der sündige Mensch sollte freilich auch selbst dazu beitragen: durch Bußleistungen und eigene gute Werke konnte er sein Konto bei Gott aufbessern. Und weil gute Taten ja auch in barer Münze daherkommen mögen, verband sich der Schatz der guten Werke immer mehr mit dem schnöden Mammon. Besonders im Blick auf das Jenseits: Dort, so lehrte es die Kirche, käme der sündige Mensch ins Fegefeuer, um jahrhundertelang, vielleicht sogar jahrtausendelang zu büßen, bevor er womöglich doch das Paradies erreichte. Und diese Zeit im Fegefeuer: die könne die Kirche verkürzen, wenn – ja, wenn ihr eine gewisse Summe Geldes gezahlt würde: *„Sobald das Geld im Kasten klingt, die Seele in den Himmel springt!"* Was für eine *Ökonomisierung* des Heils!

(2)

Gott als pedantischer Bankier und Großhändler, der Sündenschuld gegen gute Werke verrechnet? Die Kirche als Kramladen, der noch die Erleichterung im Höllenfeuer für bare Münze verscherbelt? Der christliche Glaube als System von Leistung und Gegenleistung? Das kann doch nicht wahr sein! *Aus Liebe zur Wahrheit* kämpfte Martin Luther dagegen an. Vor allem aber kämpfte er *für das*, was er stattdessen in der Bibel gelernt hatte: Über Gott. Über uns Menschen. Über die Kirche. So bringt es der Reformator in der markantesten seiner 95 Thesen auf den Punkt, These 62:

Der wahre Schatz der Kirche ist das heilige Evangelium der Herrlichkeit und Gnade Gottes.

Der wahre Schatz? Nie und nimmer die angehäuften Guttaten irgendwelcher Heiligen! Nichts, was mit moralischen Leistungen oder in barer Münze erkauft werden könnte! **Der wahre Schatz der Kirche** ist ein göttliches Geschenk! Kein prunkvolles, atemraubendes, pompöses Geschenk – nein, nur ein gutes Wort. *Gott spricht sich für uns aus.* In der Bibel. Im Evangelium. Das ist Martin Luthers grandiose Entdeckung: Alles mag gegen uns sprechen – *Gott spricht sich für uns aus.* Gott wendet sich uns zu. Völlig unverdient. Aus purer Gnade und Barmherzigkeit. *Gott hat ein Herz für uns* – was für eine Entdeckung!

Dann ist aber auch klar: Mit einem so liebevollen Gott ist einfach *kein Deal zu machen* – das Evangelium von der Gnade Gottes sprengt jeden Gedanken an *Verdienst und Abrechnung*. Wie könnte es in einer liebevollen Beziehung denn auch so *knickerig* zugehen? Und es *ist* eine liebevolle Beziehung, in der Gott mir nahe kommt, in der ich voller Vertrauen bei Ihm bin: *Sola fide,* allein durch einen so vertrauensvollen Glauben bin ich bei ihm, wie das Kind auf dem Schoß seines Vaters – das haben uns die Reformatoren gelehrt. *Sola gratia* wendet Gott sich uns zu: allein aus Gnade, weil er ein gnädiger Gott *ist, nicht,* weil irgendjemand ihn bestochen hätte oder ihn erst noch gnädig stimmen müsste: *Schau nur auf Jesus Christus,* sagt Martin Luther, *dann weißt Du, dass Gott dir gnädig ist! Solus Christus*, Christus allein: Noch in den tiefsten Tiefen ist er bei dir – aus freien Stücken, aus purem Wohlwollen! Jesus als hilfloses Kind in der Futterkrippe – Jesus als sterbender Mann am Kreuz: da siehst du *Seine* **Herrlichkeit!** So nahe ist Gott uns Menschen gekommen, hört ihr´s: Er opfert sich auf *für uns* auf, *Er* verzeiht, *Er* vergibt, *Er* beschenkt: Gnade ist sein ganzes Wesen. **Der wahre Schatz der Kirche ist das heilige Evangelium der Herrlichkeit und Gnade Gottes.**

Weil Martin Luther das verstanden hat, *kämpft er gegen die gnadenlosen Verhältnisse*: in der Kirche wie in der Welt. Nicht nur mental – auch ganz *handfest* zieht er der Papstkirche den Boden unter den Füßen weg. Denn die Kirche seiner Zeit ist auf den Ablasshandel angewiesen, um sich Prunk und Einfluss zu sichern: Die eine Hälfte der Einnahmen diente dem Bau des Petersdoms in Rom, des gewaltigsten Kirchbaus aller Zeiten. Die andere Hälfte teilten sich Erzbischof Albrecht von Brandenburg und der jeweilige Ablassprediger. Der Erzbischof brauchte die Einkünfte aus dem Ablass-Handel, um seine Schulden zu bezahlen, mit denen er beim Bankhaus Fugger in der Kreide stand. Den Bankern fehlte übrigens jedes Vertrauen in die Zahlungsmoral des Kirchenfürsten: Vertreter der Fugger begleiteten den berüchtigten Ablass-Prediger Tetzel, um sich gleich vor Ort den eigenen Anteil zu sichern. Ein Teil der Schulden war durch Gebühren entstanden, die *der Papst* für sich verlangte: Denn der Papst hatte Albrecht eine unerlaubte Ämterhäufung gestattet – gegen bare Münze, versteht sich! Nur durch diese *Bestechung* konnte Albrecht zusätzlich zu den Bischofssitzen von Magdeburg und Halberstadt den wichtigsten deutschen Erzbischofsstuhl erwerben: den von Mainz. Und Mainz war ihm so viel wert, weil Albrecht dadurch zugleich Erzkanzler über den deutschen Teil des Reiches wurde: nach dem Kaiser der wohl mächtigste Mann im Reich. Repräsentation und Prunk, wirtschaftlicher Gewinn und politischer Einfluss: alles hing am Ablass- Handel. Was für ein Sumpf von Ämter-Patronage und Korruption! *Dagegen schreibt Luther an:* **Der wahre Schatz der Kirche ist das heilige Evangelium der Herrlichkeit und Gnade Gottes.**

(3)

Von da an sollte Martin Luther *um sein Leben* schreiben: Allein die große Öffentlichkeit, allein seine Popularität beim einfachen Volk, allein die Unterstützung einzelner

Landesherrn sichern ihm das Überleben. Luther kennt das Schicksal des tschechischen Reformators Johannes Hus: als Ketzer verbrannt auf dem Scheiterhaufen von Konstanz, *obwohl* man auch ihm freies Geleit zugesagt hatte. 100 Jahre war das her. Luther weiß aber auch vom Schicksal der Katharer und der Waldenser, Reformbewegungen, die schon jahrhundertelang blutig verfolgt wurden. *Heilige Inquisition* nannte sich das Blutgericht. Luther stellt **das heilige Evangelium** dagegen. Verletzlich und schwach, aber ungemein inspirierend und mit bezwingender *Menschlichkeit.*

So schreibt er *um sein Leben* – oft verzweifelt er, und will doch *gegen* die Unterdrückung der Wahrheit und des freien Gewissens *die ganze Kirche reformieren*: in eine Ordnung bringen, die dem Evangelium von Jesus Christus entspricht, eine Kirche, in der Glaube und Gottvertrauen herrschen, die von der Gnade Gottes durchdrungen ist. Wir wissen *und bedauern*: Es ist ihm nicht gelungen.

Vieles ist ihm nicht gelungen. In mancherlei Hinsicht hat Martin Luther versagt. Wie die Papstkirche, die er überwinden wollte, fürchtete er auch weiterhin Hexen und Dämonen. Wie seine päpstlichen Gegner, schrieb er gegen den Aufstand der Bauern, weil er das teuflische Chaos schlimmer fand als die ungerechte Ordnung. Als alter Mann verstieg er sich, deprimiert und verbittert, gegenüber den Juden, denen er Tod und Teufel auf den Hals wünschte. Da hatte er selbst den Schatz des Evangeliums aus dem Blick verloren und war dem Zeitgeist verfallen.

Und doch wusste Martin Luther stets, dass er *im katholischen Sinne* kein Heiliger war und niemals sein würde. Aber die Heiligenverehrung gehört ja auch nicht zu den *evangelischen* Glaubenssätzen, und wir tun gut daran, den Reformator und seine Lebensleistung *differenziert* zu betrachten – ganz nüchtern und eben *evangelisch*: Jeder Mensch, auch noch der beste, ist und bleibt vor Gott ein Sünder. Dieses Wissen hatte Martin Luther vielen seiner Zeitgenossen voraus – und vielen Heutigen auch. *Worin* seine Sünde lag – das hat er seinerzeit genauso wenig durchschaut, wie wir´s heute im Blick auf unser eigenes Leben durchschauen. Was könnten *wir* vorbringen, wenn wir einst auf Herz und Nieren geprüft werden?! Am Ende bleibt *sein* Ruf auch unsre Bitte: *Gnade uns Gott!*

Und gerade so: *Gott sei Dank!* Gott sei Dank für so viel Gutes, das die Reformation auslöste:

- So, wie sich Martin Luther auf dem Reichstag zu Worms auf sein Gewissen berief, taten es Tausende und Abertausende nach ihm: unbeugsame Protestanten angesichts lodernder Scheiterhaufen, aber noch als Märtyrer *innerlich frei* gegenüber religiöser Bevormundung und staatlichem Zwang. Die Reformation ist eine großartige Freiheitsbewegung – Gott sei Dank!

- Wenn der **wahre Schatz der Kirche das Evangelium** ist, dann sollen *alle* die Bibel in Händen halten, dann darf und dann soll jeder sie selbst lesen und verstehen können! Dazu brauchte es eine *populäre* deutsche Übersetzung und eine flächendeckende Bildung. Und so sorgten die Reformatoren – allen voran Philipp Melanchthon, der deshalb mit dem Ehrentitel *„praeceptor Germaniae“* - „Lehrer Deutschlands“ versehen wurde – überall dafür, dass Schulen eingerichtet wurden, öffentliche Schulen für Jungen *und* Mädchen, egal ob arm oder reich. Die Reformation ist eine faszinierende Bildungsbewegung – Gott sei Dank!

- Wenn Priester, Bischöfe und Papst Gott nicht näherstehen als Kinder, Bäuerinnen und Handwerker, dann bekommen die einfache Frau und der gemeine Mann gleiche Würde zugesprochen wie die Geistlichen und der Adel, und noch jedes Kind ist in den Augen Gottes so wertvoll wie ein Fürst. Die Reformation adelt den Menschen – jeden Menschen. Damit ist die Reformation eine Bewegung *zur* Menschenwürde – Gott sei Dank!

- Und wenn *jeder* Christenmensch die priesterliche Aufgabe hat, vom Evangelium als dem **wahren Schatz der Kirche** auszuteilen: aus Gottes Gnade zu leben, davon zu erzählen und fröhlich zu singen: dann gibt es keine besseren und keine schlechteren Berufe, jeder ist in seinem Tun dazu *berufen*, für andere Menschen dazusein. So fördert die Reformation den gesellschaftlichen Zusammenhalt. Und appelliert an die Verantwortung des Einzelnen für das Ganze! Damit legt die Reformation den *Keim zur Demokratisierung* in Kirche und Gesellschaft – Gott sei Dank!

(4)

Demokratisierung? Ich komme zwangsläufig zur besonderen Aktualität Martin Luthers und der Reformation im Deutschland des Jahres 2017. Man verzeihe mir, wenn es jetzt noch ein paar Ecken und Kanten gibt – aber schon Martin Luther wollte dem Volk bekanntlich *auf's Maul schauen*, ihm keineswegs *nach dem Munde reden*... Nun denn!

Liebe Festgemeinde, die Medien und Kommentare der letzten Wochen stellen uns immer wieder vor die Frage, wie es denn sein kann, dass eine rechts-populistische Partei, die in ihren Reihen nationalsozialistische Stimmen duldet, als drittstärkste Kraft in den Deutschen Bundestag einzieht. Eines ist klar: Deren Wähler gehören weitgehend *nicht* zu den Armen und Abgehängten im Lande. Was sie treibt, ist die Angst: die Angst, ihren Wohlstand, ihren Einfluss, ihr vertrautes Milieu und ihre vertraute Kultur zu verlieren. Angst ist immer ein schlechter Ratgeber. Aber *diese* Angst, die die globale Verantwortung unseres *reichen* Landes ausblendet und dazu bereit ist, um des *eigenen* Vorteils willen die Menschenwürde mit Füßen zu treten, schreit zum Himmel! Diese Angst ist ein Ausdruck der Gottlosigkeit. Im *Osten* Deutschlands reifen die Früchte jener Gottlosigkeit, die das zweite atheistische Regime auf deutschem Boden gesät hat. Jahrzehntelang wurden die Menschen ja nicht nur *physisch* eingesperrt, sondern zielgerichtet der Kirche entfremdet und seelisch deformiert. Und im *Westen* Deutschlands? In Salzgitter sind die Wahlergebnisse kaum besser als in Sachsen! Auch für den Westen wage ich die Behauptung: Es ist die Gottlosigkeit eines oft so gnadenlosen Wirtschaftens und eines in Kauf genommenen Werteverlusts, die zu allgemeiner Orientierungslosigkeit geführt hat. Was kommt dabei heraus, wenn immer mehr Menschen *Gott los* sind? Wer oder was verbindet uns dann noch, wer gibt uns Trost und Halt, woher kommen seelische Kraft und ethische Klarheit? Für viele gehört es zum guten Ton, *Gott los* zu sein. Wohlgemerkt: *Den* Gott los zu sein, der für Menschenwürde und freies Gewissen steht, für die Gleichheit aller Menschen und für die Verantwortung jedes Einzelnen. Wenn immer mehr Menschen in Ost und West von *diesem* Gott *los* sind – dann kann man es schon mit der Angst bekommen! Werte – welche Werte? Wenn der Sonntag vorwiegend zum „Shopping" dient und der Schutz christlicher Feiertage immer weiter ausgehöhlt wird, bleiben innere Leere und religiöse Ahnungslosigkeit zurück. Und eben die Angst.

Und da dringt die Kunde herüber, dass sich ausgerechnet die Industrie- und Handelskammer Niedersachsen *gegen* die Einrichtung des Reformationstags als arbeitsfreien Feiertags ausspricht. Aus wirtschaftlichen Gründen, natürlich, es geht um´s Geld. *Ökonomisierung des Heils?* Leute, habt Ihr denn immer noch nicht gemerkt, dass Ihr den Ast absägt, auf dem wir *alle* sitzen?

Am Tag, an dem sich der Thesenanschlag Martin Luthers zum 500. Mal jährt, appelliere ich im Namen der Reformation für eine *andere* Kultur der Wertschätzung christlicher Überzeugungen – *für eine Re-formation der Grundhaltung* in unsrer Gesellschaft! Das Jahr 2017 legt es uns nahe:

- Lasst uns *ab sofort* den Reformationstag feiern, Jahr für Jahr: als Feiertag der *unbezahlbaren Werte* – kritisch gegen die ständig wachsende *Verwirtschaftung* des Lebens!

- Lasst uns den Reformationstag feiern: als Feiertag des *weltbewegenden Wortes* – kritisch gegen die mediale Flut des Schwachsinns und der Fake-News!

- Lasst uns den Reformationstag feiern: als Feiertag des *freien Gewissens* – kritisch gegen das Verstummen des Einzelnen im Mainstream der Gesellschaft!

- Lasst uns den Reformationstag feiern: als Feiertag der *religiösen Gleichberechtigung* – kritisch gegen jede Religiosität, die Frauen geringer achtet als Männer!

- Lasst uns den Reformationstag feiern: als Feiertag des respektvollen *Ringens um die Wahrheit* – kritisch gegen jede religiöse Vereinerleiung, die alles *gleich gültig* erscheinen lässt und die Menschen darum in den entscheidenden Fragen des Lebens *gleichgültig* macht!

Ganz gleich, *ob* die Politiker sich dazu entschließen können: Für uns ist und bleibt der Reformationstag *ein Fest des Gottvertrauens – gegen die Angst* in uns und um uns. **Der wahre Schatz** unseres Lebens und unsrer immer noch christlich geprägten Gesellschaft **ist** und bleibt **das heilige Evangelium der Herrlichkeit und Gnade Gottes**. Heute wie vor 500 Jahren.

Aus Liebe zur Wahrheit – im Namen unsres Herrn Jesus Christus. Amen.

MIX
Papier aus verantwortungsvollen Quellen
Paper from responsible sources
FSC® C105338

Printed by Books on Demand GmbH, Norderstedt / Germany